通信制高校を選んだわけ

監修 山口 教雄

取材 学びリンク 編集部

はじめに

通信制高校を選ぶ生徒の推移を見ると、20年前の2000年度は高校生全体の24人に1人でした。それが、10年前の2010年には19人に1人になり、現在は16人に1人が通信制高校を選ぶまでになりました。私立高校に限ってみれば、8人に1人の割合で私立通信制高校を選んでいます。

通信制高校の生徒約2500人に行った大規模なアンケート調査結果を見ると、通信制高校を選んだ理由は「通信制高校の登校スタイルが合っている」「自分のやりたいことに時間を有効に使いたい」「無理に集団参加しなくてもよさそう」などが上位項目となっています。

時間や行動の制約をあまり受けずに高校生活を送れそうだというのが通信制高校を選ぶ要因になっています。時間と行動が思いのままになるのが通信制高校のメリットです。

通信制高校卒業生、在校生に聴いた『通信制高校を選んだわけ』には、そのメリットをそれぞれの人が自分のスタイルで活かし、自分らしい高校生活を送っている姿がうかがえます。

ただ、そこに至るプロセスは平坦とばかりは言えませんでした。むしろ、悪路を悪戦苦闘しながらようやくたどり着いたという印象のほうが多いように思います。周囲の理解もありスムーズに通信制高校に出会えた人はラッキーな印象さえあります。

一方、私自身もそうですが、自分が経験した学校生活、あるいはそれに似た学校生活が普通のことだと思いがちではないでしょうか。それと異なる場合は、ちょっと首をかしげてしまう。どんな人にも学校に対する固定観念があるように思います。

通信制高校は、これまでまさにこの「固定観念」のカベに成長を阻まれてきました。ここにきてこのカベがほころび始めています。

それは、制度が改正されたとか、教育者の思考が変わったとかではないように思います。制度はむしろ規制を強めようとする勢いのほうが強いようです。

そのカベを崩し始めているのは当事者である他ならぬ卒業生や在校生の「通信制高校で良かった」という単純素朴な気持ちのように思います。

監修者　山口教雄（学びリンク代表）

（注）本書で収録している卒業・在籍校、年齢などは取材時点（2020年12月から2021年3月）のものです

目次

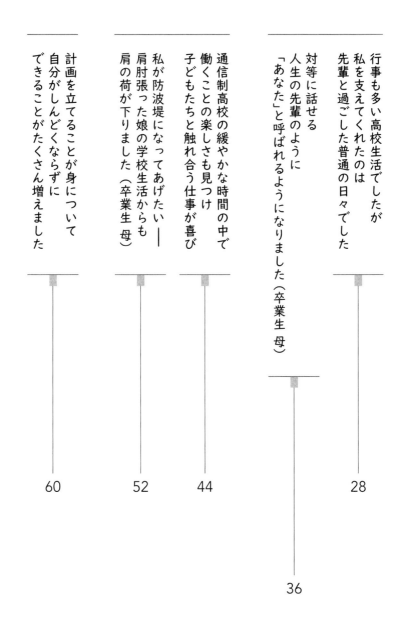

第二章　通信制高校を選んだわけを聴く　在校生編

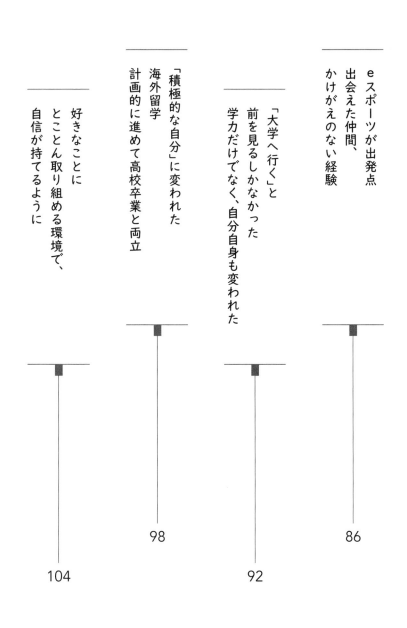

第三章　通信制高校が選ばれるわけ　解説編

第1章

通信制高校を選んだわけを聴く

卒業生編

消防士になる目標ができたおかげで楽しい気持ちがよみがえりました

長田《おさだ》 力《ちから》さん（21歳）

トライ式高等学院（日本航空高校卒業）／大阪経済法科大学３年生

ハンドボールがしたいから選んだ全日制高校へ進学。そこでは部活中心の生活でした。高２秋にケガの手術から部活での意欲を失い、そこからひきこもり状態になりました。当時通っていた学習塾で通信制の情報を知り転入学。小学生時代に憧れた消防士も再浮上しました。卒業後、消防士の専門コースのある大阪経済法科大学法学部に進学しました。

ハンドの"連帯感"がたまらなかった

高校は全日制高校に進学しました。その高校を選んだのは、部活でハンドボールがしたくて選びました。当時の自分からしたらちょっと高めの偏差値の高校でしたが、中３の受験期間だけは頑張ったので合格できました。そもそも、どこの高校に行くか全然決めてなかったです。ハンドボールがしたかったと言ってもきっかけになったのは中３の冬にあった体育で、しかもハンドは１回だけでした。

ハンドボールは仲間にボールを渡して、渡してっていうのがずっと続くスポーツで、それで仲間とスポーツをしている感じがあって、やりがいっていうか、とても楽しかったです。小学校のときからやっていた野球なんかに比べるとハンドボールは連帯感を感じるスポーツでした。

高校に進学してから小中一緒だった子が2人いたので、「やってみいひん?」と引っ張って一緒に入部しました。入学してからは基本的に部活中心で、学校に行くのは放課後のハンドボールがしたいから学校に行ってたようなものです。

高1の間は正サイドというポジションでそこでは体格の差があんまり活かせず、たまに交代で入っていた程度でした。コーチからせっかく体がでかいんだからと言われて、ポストというポジションに移ってからは活躍できたと思います。試合のときは、部活をしている女子が応援してくれることもあって、得点するとキャーキャー言われてうれしかったです。僕だけにじゃなく、みんなにですけど。

2年の夏休みの練習で右足をひねって、ちょっとかかとが痛いなと思いながら、そのまま部活は続けてたんです。ハンドボールってジャンプしてシュートするんですけど、軸足が大体左なんです。右足はジャンプのときはそんなに使わないし、着地のときにグッてなるからちょっと痛いなというぐらいだったので、大丈夫かと思いながらやってました。

10月にもう一度ひねったときにめっちゃ痛かったので、これはおかしいと思いました。私生活で酷使することがないので、誰にも痛いって言わなかったんですけど、お母さんに「かかとがずっと痛いねん」と言ったら一回病院に行ってみようということになりました。

整形外科に行ってレントゲンを撮ってみると、右かかとの骨が折れてそれが肉をグイグイ押して痛みがでる三角骨障害という診断でした。放っておくとずっと痛いままだけど、手術ができるということで、その手術を受けました。手術して一週間ぐらい入院しました。

ケガからひきこもりに

最後の試合が3年の春だったので、その試合に間に合うつもりで手術後のリハビリも、練習もやったんですけどもう間に合いそうもない感じになってきました。

代わりにポジションに入っている子が出たほうが勝てると思って、「もうオレ要らんやん。みんなでやったらいいやん」と思ったとたん、部活にも行かず、学校にも行かずになっちゃって…。

もともと高校に入学して、しばらくしてから中学とちょっとノリが違って面白くないので友達も要らんなと思っていました。ハンド仲間と、中学時代の野球部の友達だけで他は要らんかなと思えて。

高校は雰囲気に乗り切れなかったです。文化祭のダンス練習があって、放課後に練習すると言われても「先帰るわ」って帰ってました。中学時代は文化祭も球技大会もめっちゃ好きだったのに。

そんなささいなことの積み重ねがあって、そこにケガがあって、やる気が一気になくなっちゃった感じでした。

一週間に1日休んだのが、2日、3日ってどんどん増えていって、結局、12月にはもうまったく行かずになっちゃいました。12月から1月までは家から出ることもまったくできなかったです。部屋から出ずに、スマホとゲームをベッドの上でやって、あとはYouTube見て、飽きたなと思ったら寝れへんけどベッドの上で仰向けになって、ずっとボーッとしてました。

おばあちゃんから「行かんでもいいよ」

ひきこもった最初のころはお母さんも「学校行きや!」と言ってたんですけど、途中から言わなくなりました。たぶんそばに住むおばあちゃんがお母さんに何か話してくれたんだと思います。

おばあちゃんはあんまり学校に行けていない世代だったそうなので、「学校なんか、おばあちゃんの世代はみんなあんまり行ってなかったんやから。別に行かんでもいいよ」と言ってくれて、おばあちゃんのおかげで落ち着いたのもありました。

おばあちゃんがたまにゼリーとか水とか買ってきてくれて、部屋の前に「これ置いとくで」と言って帰っていくんです。帰った後に静かにそのゼリーを食べました。

その後、お母さんに学校やめていいよって優しく言われ、「ああ、やめてもいいんや」と思ったときに自分の気持ちが楽になったと感じました。

2歳違いの弟がいます。弟は中3の受験期だったんですけど自分のすることだけをずっとしてました。僕がひきこもり状態だったのでしゃべりかけずにそっとしておく感じでした。そもそも面倒くさいから関わらなかったのかどちらかはわかりませんが。でも、そのほうがありがたかったです。

小学生のときの「将来の夢」が再来

部活を頑張ってたので授業中は寝たりして、だんだん勉強はわからなくなってました。それで、高2から通い始めた学習塾がトライでした。

面倒見の良い教室長で、高校ばかりでなく塾にも行かなくなったので、お母さんに連絡があって、一度来てくださいと言われたらしいです。お母さんから「あんたも来なさい！」と言われて無理やり連れて行かれました。そこで「こういう道も考えてください」と紹介されたのがサポート校のトライ式高等学院でした。僕も横で聞いていたのですが、通信制というのがあまり響きがよくなかったので、「えー!?　通信制か」と思いながら帰りました。

家に帰ってからもらった1枚のメモを読むと単位が全部取れると書いてあったのがすごいと思いま

した。あと、大学受験。卒業までにあと２年間は必要だと思っていたので、それが１年間で卒業単位を全部取り切れると知って、めちゃめちゃ頑張って単位を全部取ったろうと思って、そこが決め手でした。

初めてトライ式高等学院に行って面談が終わった後に、この教室の雰囲気を味わってみようということになりました。ちょうどお昼時だったので、みんながご飯を食べていました。みんなと言ってもそこにいたのは２人ですが。そこにコンニチハと自己紹介から入って、ＵＮＯやトランプがあったんで、ちょっとやってみようとなり先生も交えて４人でＵＮＯをやって楽しくできました。その子らも落ち着いたいい子たちで、居やすいなと感じました。

次に行ったとき、その子たちにどういう感じで単位が取れるのとか、トライ式高等学院はサポート校なので、どこの高校に入ったんとか聞いて、ここなら自分でもできるというのがわかりました。

転入学試験で出された「将来の夢」という作文で、ぱっと思い浮かんだのが小学生のころになりたいと言っていた警察官か、消防士でした。

どっちがいいかと思ったときに、スポーツ好きなので消防士で体を活かして仕事をしたいと思い消防士とそこに書いて、先生と話すと「消防士なんやね。じゃあ、ここで単位取って大学に向けて勉強しようか」と言ってもらえました。

トライ式高等学院は、ちょっと離れた所だったのでバスで行ってたんですけど、乗り物酔いしやすいのでそれがしんどくなって自分の乗り物があったらいいなと思って原付免許を取りに行きました。

原付で通ってみると自転車とは違う楽しさがあって、当時はめちゃめちゃ面白かったです。音楽を聴きながら、台風のなかをバイクで行って、今日はもう閉まるよって言われて帰ったこともあります。嵐のなかを走ってるっていうのが楽しくてたまらなかったです。

大学に入ってからは、さらに遠くなって原付だとかえって危ないので250CCのバイクにしました。バイクのきっかけを与えてくれたのが高校時代だと思っています。

目標に向かっているから楽しい

高3の夏ころまでには、卒業に必要な単位は全部取り切りました。スクーリングに行くまでにレポートを全部出して、行ったときはテストをとりあえず時間分だけマックスやりきって、もう詰め込んでやっていました。そこから、大学受験に向けて勉強しようということで、消防士関連の2校を見つけました。そこを目指して本格的に受験勉強を始めました。

大学受験に英検が使えるというのを知って、受験勉強と並行して英検の勉強もやりました。まず準2級が取れちゃって、続いて2級から入試評価につながるので2級も取ろうということになって、それも受験したら合格できました。

英語は小学生のころに弟と一緒にＥＣＣジュニアに通っていたので、中学、高校で構文を聞いたらすんなり入って来たんですが、英語を何でわざわざ日本語にして理解するのかがわからなくて、高校でつまずいちゃって英語ができなくなっていました。２級が取れたのは子どものころ習わせてくれたお母さんのおかげです。

11月に公募推薦で大阪経済法科大学に合格して、気持ちが楽になりました。もう１校の大学も受験したのですがそっちは難しくて落ちちゃいました。そちらには、救急救命士学科があって人を助けられるのでいいなと思っていたんです。消防士になったら救急救命士も目指してみようと思っています。

入試は英数国３科目の試験で、大学は絞っていたので「赤本」を買って来て、先生からここを集中的にやってみてと問題を出してもらいながら勉強しました。受験のときはやってきた「赤本」のおかげと、先生の教え方も良かったです。あと、英検で覚えた英単語がめっちゃ役に立ちました。

消防士を目指しているんですけど、今は警察官のほうもちょっと気にかかっています。バイクに乗っているので白バイ隊員もかっこいいなと思って。警察官の方に話を聞く機会があって、白バイ隊員になる道もけっこう広がっていると聞きました。

でも、こうして楽しく大学生活が送れるのは通信制高校への転入学のときに消防士という目標が見えたから、そこに向かってやれてきたからだと思います。

「やめていいよ」と本心から言えるまでには気持ちの葛藤がありました

母　長田《おさだ》 真理子《まりこ》 さん

長田力さん 母

長男の力さんが高校でひきこもってしまったときに出てきた言葉は、そういう状態の人に言ってはいけないとされるものが多かったそうです。それは心配するあまりのことでした。転入学を認めて「やめていいよ」と本心から言えたのは母としての気持ちの葛藤を乗り越えたからだったようです。

力《ちから》という名前にしたのは…

力という名前に決めたのは、おなかにいるときに主人がとにかく力の強い、男らしい男になってほしいと願って字画も考えずに付けました。小さいときは平仮名で名前を書きますが、だんだん漢字で書くようになって「長田力」をくっつけると「長男」なので、実際に長男でよかったねという話のタネになりましたが。

今年は、主人の17回忌になります。力が五歳で、弟が三歳でした。バイクで通勤していた途中の事故でした。

主人は仕事が忙しい人で、月に一回か二回しか休みがなかったですが、休みのときは子どもをどこかへ連れて行きたいと車に乗せては連れて行っていました。力は小さいときから乗り物酔いがあったのですが、そこは気にせずに。子どもっぽい人でした。

親ばかに聞こえるかもしれませんが、五歳だった力は私の前では涙を見せなかったんです。お葬式の日も…。二人でトイレ行ったときに、「お母さん、頑張ろうな」と言ってくれました。弟もいるし自分がしっかりしなければと思ってくれたのだと思います。それからも私の前ではむだに元気で、小学生の間は本当にいい子でした。勉強もできるし、運動もできるし、弟思いやし。

でも、私はもっと強い子になってほしいと思って、小4のときにすごいきつい地元の野球チームに入れたんです。男親がいないので、男の人に叱ってもらう環境をつくりたくて、あえて入れたんです。そこは本当に厳しいところで、逃げ帰るようなこともありました。そうすると、私が力尽くで無理やり放り込んでいました。とにかく強い子、負けない子。私も当時三十歳そこそこだし、お父さんがおらんからやなって言われるのがとにかく癪で…。強く、強くってやったら、母ばかり強くなって（笑）。

一時間半ぐらい筋トレばかりさせられて、みんな根を上げてるところを、あの子はそれだけは完璧だったんです。コーチや監督からも「長田を見てみろ！」と。そう褒められることがよくて、筋トレの成果も試合で出るわけです。それでちょっとずつ自信が付いていったように思います。

心配から出た禁句の数々

主人が亡くなって二、三年は自分は楽しんだらあかんと勝手に思い込んでいました。事故の裁判もあり、私も鬼の形相だったように思います。力が小3のときにPTA活動を一年間やって、友達もできて、やっと自分のために生きていいんやなと思えるようになってきました。

力が中学に入ってからは私はちょっと手を離そうと思ったのですが、私の顔色を見ながら育つ子になっていたように思います。何も決められない自分のことを多分嫌だったと思います。高校を選ぶときも、結果的に私の母校に進学したのですが、お母さんもそこやったら喜ぶやろうと思ったみたいです。私も周りと同じように、頑張れ、頑張れと言っていました。本人は塾にも行き、何も言わず頑張って受験して合格しました。

頑張ってギリギリ入れたんですけど、もうそこで何かの糸が切れてしまったのかもしれません。高校の入学式では終始ブスーとして笑顔一つもなかったです。

高2の秋になって力が高校に行かなくなり、ひきこもり出したとき母に言われたのが、「力のことをもっと信用したり」と。そのときは、信用したいけど、ほっといたら何するか分からへん。やっぱり過保護なのか、そんな気持ちがありました。

私の母は九州から一人で大阪に出てきて苦労しているからとても我慢強い人です。私の主人が亡くなったときも、母の支えがなかったら私は生きてないと思うくらいです。

ひきこもっているので学校からよく電話かかってきていました。親としてはやっぱり学校に申し訳ないから、つい「すみません。さぼっているだけなんで…」と言ってしまうんです。そのうち先生も「そうですよね。怠けているだけですよね」と言い出して、そこでカチンときて、私が言うのはいいけど、あなたが言うのはどうかと思ったんですけど。

私も言うたらあかんことを全部息子に言ったので…。「何で行かへんの」「はよ行きなさい」「はよ起きなさい」「みんな行ってるやろ」「普通のことが何ででけへんの」。言ってはいけない10カ条全部を。でも渦中にいるときは心配やからこそ、やったらあかんことを全部やっちゃうんです。

「立派な大根!?」一か月半ぶりの会話

唯一打ち込んでいたハンドボール部の先生は気にかけてくれました。嘱託の先生で、授業は持っていないので、部活で「あれ!? 長田、何でおらへんねん?」と部員に聞いて学校に来ていないのを知ったそうです。知ったその日のうちに家に来てくれました。

「ちょっとええですか、上がって」と力と話してくれて、すぐに「お母さん、ちょっと連れ出していいですか?」と。そのまま先生と車でどこかに出て行って、2時間半ぐらい帰ってこなかったんです。帰ってきたらちょっと笑顔で、大根を抱えていました。

「これもらった!」「えっ!? 立派な大根やん」というのが一か月半ぶりの会話でした。

先生は、畑をしてはったみたいで。喫茶店に行って話を聞いてくれて、その後打ちっぱなしに連れて行ってくれたそうです。「おまえは体を動かさなあかんやろ」と。

「やめていいよ」を本心から言えたとき

私は経理の仕事をしてきたのですが、ちょうどそのとき新しく設立される会社に替わる予定で家にいました。

たまたま、近所に住む小学生から二十歳までやっていた剣道の恩師にばったり会ったんです。その先生は、整体をしているのですが、私の顔をじっと見て「どうした? 何かあるんやったらおいで。とにかくほぐしたる。お金は要らんから」と急に言われました。しばらく行けなかったのですが、自分でもどうしたらいいか分からなくて、その先生を訪ねました。そこで、「おまえが変わらな、力は変わらんよ」ときっぱりと言われたんです。「学校やめてもいいよと言ったって、本心から言ってないのをきっと分かってる」と言われ、確かに思い当たる節があって目からうろこが落ちるようでした。同じことをそれまでも言われてたと思うんです。でも、私のことを子どものときから知っている人から言われる言葉。言われる人によってこんなに違うのかと思いました。

別れ際に「祈ってるわ！」と言ってくれました。その言葉で、付き物が落ちたみたいでした。家に帰ってから、そのまま息子の部屋に行って、「ほんまごめんな。お母さんがあかんかったと思うわ。もうやめていいから」と告げました。

声色で全部分かっていたんだと思います。それまで言っていた「やめていいよ」は心の底から言っていなかったのが。やっとお母さんも分かったくれたと。

いい大人に会えて180度変わった

力は、先生に対してはちょっと恵まれないところがあったかもしれないです。中学のときは頭ごなしの命令口調が大半で、それがあの子はあかんみたいなんです。中学でも、高校でも担任の先生にだんまり。とにかく大人を拒否していたところがあって、トライ式高等学院にかわってそこの先生がマンツーマンでみてくれて、その先生が扉をパッと開いてくれたのだと思います。あの子の様子を見てたら、みんな一斉にやるというのが嫌な子なんやろうなと思います。必要あるもの、ないものを区別して、要らんのやったらせえへんくて要るもんだけするわとか。

トライ式高等学院の先生がそれを引き出してくれて、英語が得意やったら英検取ってみたらと。持っていき方も上手やし、締めるところも締めてくれはったし。あの子はそこで１８０度変わりました。いい大人に会ったのかなと思います。

あの子の車好きとかバイク好きとかは主人の血なんです。でも、主人がバイクで亡くなってるからバイクはとにかく乗ってほしくないとずっと思っていました。

トライ式高等学院に通うようになって最初はバス通学だったのですが、乗り物酔いをするので原付免許を取りたいということでした。そのときは、学校のことでいろいろあったあとだったので本人を信用しようと思いました。

だから一回事故したときは、「もうあんたに死なれたらお母さんは生きていかれへん」。周りのみんながどんだけ泣くか、それだけは思っときと。担当してくれたおまわりさんからもガツンとって言ってもらいました。「お母さん泣くぞ、家族泣くぞ」って。あの子は他人から言われな耳に入らへんって思ったので。今は安全運転です。もう大丈夫かなとは思ってます。

長男はもう安心かなと最近は思います。次は私の試練ですよね。今度は私が子離れしないといけない、そろそろそうなってきてるのかなと思います。

行事も多い高校生活でしたが私を支えてくれたのは先輩と過ごした普通の日々でした

雄松《おまつ》 久美子《くみこ》 さん（20歳）

星槎国際高等学校（名古屋学習センター）卒業／人間環境大学人間環境学部心理学科２年

小学生から競技ドッジボールに打ち込み周囲から活発な子と見られてきました。明るいスポーツマンという半面で、それと異なる内省的な面もありました。中２で不登校になります。不登校時の記憶はほとんどないと言います。中３になり修学旅行に行くという目標から学校復帰が始められました。高校進学は登校コースのある通信制高校を選びました。

騒々しさに耐えられなくなって

中2で不登校になりました。突然、もう行きませんという感じではなく徐々に休みだして、あるときからずっと休むという感じでした。原因はストレスがあふれたと言っているんですけど、それはそうなんですが引き金になったのは宿泊研修だったと思います。一つの部屋にクラスの女子全員で泊まるのですが、わりとワーキャーしている人たちが多くて、それに疲れたんです。何かめんどくさいなと思った記憶があります。そこでストレスが爆発したんだと思います。

幼なじみの男子が言うには、不登校になる前の放課（※）に1人で本を読んでいるのを見かけてお

※放課：愛知県では「学校の授業が終わった後」ではなく、「授業と授業の間の休憩時間」という意味で使われています

かしいなと思ったらしいです。部活もやってるし、同じ小学校からの子も多いのでわりと話してたのに、あれ？　と。でも、自分では普通だと思っていました。

「学校に行きたくない」と言ったとしても最初の段階ではさぼりとしか捉えられなくて…。いわばさぼりでもあったんですけど。吐き気やめまいがすると休むための口実を作っていました。

やがて昼夜逆転もして、半年間ひきこもっていました。その間は本当に記憶がないんです。誕生日に富山から祖父母が来てくれてご飯を食べに行ったのは覚えてるんですけど、私は普通にしているつもりでしたが「すごく無理して笑ってる」と心配されました。でも、それ以外の記憶はほぼ無いです。

当時住んでいたマンションが小中学校の登下校の道筋にあったので、行き帰りの声が聞こえるんです。昼夜逆転したのも無意識にそれを避けていたのかもしれないです。

愕然《がくぜん》とした周囲の反応

小学生のころから部活やクラブチームに入って活発は活発でしたけど、家に帰ってくると急にスイッチが切れるみたいでした。合わせるつもりはないけど、友達に合わせていたのだろうと思います。

小３から競技ドッジボールのクラブチームに所属し、小４から小学校の部活でソフトボールをやっていました。クラブチームは、小学校にある男女混合チームに所属するのですが、名古屋市にある男女混合チームの中から7チームの女子のみを集めたガールズチームにも小4から所属していました。

男女混合チームでは小5のときに数人の6年生からボロクソに言われ、私も含め泣かされた経験があるので、自分たちが上級生になったら下には誰も怒鳴らないだろうと思っていたのにそうでもなかったです。やっぱり上になると偉くなっちゃうんでしょうね。チームワーク最悪だと思っていました。

小6になって愛知県代表の1チームとしてガールズチームで全国大会出場が決まりました。それが決まったときから男女混合チームの半数からはぶられるようになりました。ガールズチームも、男女混合チームも両方でキャプテンをやっていましたが、男女混合チームではその途端から相手にされなくなったんです。千羽鶴を折ってくれた保護者の方がいたり、小さいときから知っているコーチが「頑張って！」と声をかけてくれたりしましたが、それ以外は「は!? 全国？ 勝手にすれば」という態度でした。死にたいと思うほど落ち込むのと同時に心底から怒りもわきました。

助けを求める相手がいなかった

ちょうど小学校高学年ごろから闘病中だった父の病気が徐々に悪くなっていき、不登校になった中

2で寝たきりになりました。私が5歳のころに病気になり、20歳で亡くなるまでの15年間病気と闘っていました。私が小さいときは、私の中では元気なんですけど、でも障害は持っていて健常者の父の姿は知らないです。知らないというか、覚えていないんです。

父が大変なときにどんぴしゃで不登校になっているんです。母が一番苦労しているので文句を言える立場ではないんですが。でも、反抗期プラス不登校なので理解されないし、ずいぶん揉めて……。

私はもう自分のことでいっぱいいっぱいで、どうしようもないし、助けを求める相手もいなくて。担任から電話がかかってきても、自宅に来ても一切拒絶でした。

話せる相手は親しかいないんですが、母は介護しているからそれどころじゃないんです。でも、私のことも気にかけてという気持ちもあるわけです。母が不登校を理解するには時間がかかったろうし、私が母のことを理解するのにも時間がかかりました。

治せない病気と聞いた記憶

小学生のころだったと思うのですが、病院の診察室で「父の病気は風邪みたいには治せない」と聞いたようなんです。いつのことだったのかはっきりした記憶はないのですが、私の性格はそれが引き金になっているのだと思います。今も死というものを深く考えたり、本当の自分は違うのに「しっかりしてるね」と言われるようにふるまったりするのはそのせいだと思います。

不登校になって、本当にめまいがしたときにかかりつけの耳鼻科でメンタルだと言われ、医療関係に詳しい幼なじみの母親から大学付属クリニックを紹介されました。そこで鬱ではないがメンタルが崩れやすいと診断され、附属の心理相談室に通い始めました。誰にも言えないことが言える私にとって唯一の場所です。脳内も整理されるので今も通っています。

〝東京に行きたい〟をきっかけに

不登校になった当時の教頭先生は、「子どもが学校に行くと言うまでは行かせないでください」と優しい言葉をかけてくれました。私は勉強こそできなかったけど、たぶん普通の人だったと思います。中3に進級するときに誰と一緒ならいいですかと希望を聞いてもらえ数人の名前を伝えました。修学旅行には行きたかったんです。みんなと一緒にというより目的地の東京に行きたかったんです。でも、全く学校に行ってないのに急に修学旅行に行っても、周りから見たら「何？あいつ」みたいになっちゃうし、体力的にも宿泊で行くのはきついなと思って…。それで体を慣らすためにちょこちょこ行きだしました。でも、教室に入らずに女性の副担任としゃべって帰るみたいなのをやっていました。たぶん「教室に入る？」と聞かれたと思います。授業とかは厳しくても、ホームルームとかで徐々に入れるようになったのが良かったと思います。修学旅行には参加できて、結構楽しかったです。ほかにも体育祭や音楽祭の行事には参加できました。朝起きて、学校へ行って、ちゃんとした生活を送るのって、しんどいなとか、周りがうるさいなとかあったんですけど、不登校になったときみたいに嫌だとはならなかったです。学校生活はこれかみたいに、当たり前のことだと思えました。

何もない日々が最高でした

卒業した星槎国際高校を知ったのは、富山の祖父母からの情報でした。祖父母の知り合いの方から星槎国際高校というのがあるよと。そこで母が名古屋にもあるか探してみたら、ありました。

中3で進路の三者面談になり普通の高校は無理だと思って、定時制かなと思っていました。通信制は完全にレポートで、通わない形式だと思っていて、家で勉強するのが苦手で絶対ため込むのでだめだろうと。まず、名古屋市内の昼間定時制高校の学校説明会に行きました。すごくいろんな人がいて、人数も多いのでちょっと昼間定時は厳しいなと思いました。単純に人が多いのが嫌なのと、人と関わるのもあまり好きじゃないので、しんどそうだと思ったんです。

星槎国際高校は当時の先生や先輩がいい人たちで、体験授業に行った際にすごいフレンドリーに話しかけてくれて、ここだったら3年間楽しんで通えるかなと思えました。登校コースがあったのも良かったです。それと、もし父に何かあって引っ越したとしても母の実家の富山にもキャンパスがあるからいいんじゃないかとも言われました。

高校時代を振り返ると、楽しめたかどうかは大まかには半々です。今思い返して、楽しかったと思うのは、1年生のときの普段の生活なんです。最初は1年生が9人しかいなくて、女子は私1人で、クラスで誰ともしゃべれなかったんです。ただ、入学前に体験授業に参加したので知っている先輩や先生がいて、その人たちから徐々に輪が広がっていきました。放課になったら1年生の教室に先輩たちも集まってきて、和気あいあいとしていました。

1年生のときは、その人たちと過ごしていたら楽しいので、イライラすることも少なかったです。女子の先輩がほぼ1人で作っていた卒業制作を手伝ったり、いろいろしゃべったり…。テーマ別のゼミ授業というのもあって、3学年がまとまることも多かったので親しみが増していきました。そのときは授業だけど楽しんでいる感覚のほうが強くて、その先輩たちにはすごく助けられました。

星槎国際高校で良かったと思えるのは、高大連携授業と星槎オリンピックです。高大連携授業は、グループの星槎大学の先生方が高校生を対象に授業してくれ、全国の星槎校舎が調べ発表を行う全国一斉授業もありました。星槎オリンピックは、スポーツ、文芸、スピーチ、クリエイティブ、料理などのカテゴリーで全国の生徒が集い競うもので、たくさんの仲間がいるんだと実感しました。

将来したいことは…

高校では、登校コースの学費もですけど、ゼミ学習で使うカメラや同好会のクロスバイクなど母からいろいろ買ってもらっています。カメラは今も使っていますが、自転車は1人で行く場所もなくて乗らなくなったのでちょっと申し訳ないと思っています。「大学進学はちょっと経済的に厳しいかもね」とやんわり言われたこともありました。それでも貯めてくれていたお金や奨学金の利用、大学独自の経済支援制度にも受かって、結果的に通えているので良かったと思っています。

将来については、カウンセリングに通っている身で自分がクライエントを受け持つことはあまり望ましくないと思うので、そちら方面を目指すのは一旦辞めました。

大学院に進むのか、通級指導教室などなのか、不登校支援なのか、別の道なのか明確ではないですが、自身の問題に立ち向かっている人に、何らかの支援などで関われたらいいなと思っています。ただ、人生は一度きりなので、自分で思ったことをやれたらなと思います。

対等に話せる人生の先輩のように「あなた」と呼ばれるようになりました

母　雄松《おまつ》　正美《まさみ》　さん

雄松久美子さん 母

長女の久美子さんが中2の9月から不登校になったとき、母の正美さんはご主人と義理のお母さんのお二人を介護している状態でした。どれも通り一遍では済まされないものでした。一つ一つのことに誠意をもっていねいに対応した様子がうかがえます。そんな姿勢があったからなのかもしれません。「良い人たちに出会えました」とご本人は言います。

病気と向き合いながら生活をやりくりしてきました

娘が中1の6月から新聞販売店で働かせてもらって今に至ります。夫を病院などに連れていかないといけなかったので定時の仕事に就けない状態でした。店長は娘の小3から小4にPTA役員をしていたときの会長さんで、夫の通院時間も午前であったり、午後であったりしましたが融通を利かせてもらってきました。

夫は亡くなるまでに4回ほど手術をしています。娘が小6のときに、病状悪化の進行が早く余命についても言及されました。私自身それを聞いたときはとてもショックでしたから娘には言いませんでしたが、何かおかしいぞと感じているようでした。

夫は病気の後遺症の一つに失語症があったのですが、それは手術とリハビリをしたことでゆっくりであればしゃべれるようになりました。ただ感情のほうに影響がでて、些細なことでもすごく怒りました。病院の先生からは「怒りやすいとは思うんですけど、これは本人でなく病気が言わせていることです」と聞かされましたが、かなりすごかったです。手術をしてくれた病院の先生はとてもいい先生で、私の愚痴も聞いてくれて、「一緒に頑張ろうね」と寄り添ってくださいました。

あれ、ずる休み!?

娘が学校に行けなくなったのは中2の9月からです。その前も単発で休むことはあったんですけど、本当に行けなくなったのはその頃からです。朝になると、「気持ちが悪い」「おなかが痛い」と。最初は内科に連れて行っていたんです。調子が悪いと思って行くんですけど、胃腸風邪だと薬をもらって帰ってくるとケロッとしている。気持ち悪いと言っていたはずなのに、病院が終わったらコンビニに行きたいと言ってお菓子を買ったりしていました。ずる休み？って。

繰り返すので血液検査もしてもらいましたが異常はなく、それでも続くので病院を変えてみようと思いました。たまたま耳鳴りがすると本人が言ったので、私が耳が弱くてかかりつけにしている耳鼻科で診てもらいました。先生が娘に二、三質問してそれに答えたら、耳も鼻も診ることなく…。「お母さん、これはメンタルだから内科や耳鼻科じゃなくて心療内科だね。でも、心療内科や精神科はハードルが高いだろうから婦人科でもいいよ。名古屋の中学校にはスクールカウンセラーさんがいる場合が多いから、スクールカウンセラーさんでもいいから話をしなさい」と言われました。

耳鼻科の先生は、いろいろなことに詳しくて、すごく親身に話をしてくださる方でした。夫も診てもらったことがあるので「ご主人どう？　頑張りすぎちゃいけないよ」と言ってくれる方なんです。その後、私だけ行っても「娘さんどう？」と声をかけてくれて。その先生に出会えたのは恵まれました。

医療関係に詳しい友達がいたので、どこか良い心療内科はないかと聞いたところ、今もカウンセリングで通っている大学の心療内科が良いらしいと教えてくれました。調べてみると新患の受診枠は前日でないと分からないということで電話で確認したら、翌日の枠が一つあるということでした。翌日は台風でしたが、もう行くしかないって。当時は、学校に行かないからハラハラしてるし、原因も分からないからとにかく診てほしいという気持ちが強かったです。

心療内科で臨床心理士さんからいろいろ質問を受けたり、絵を描いたりした後に、心療内科の先生から「病気ではないが同年代の子と付き合うのがこの子は苦手だから」とカウンセリングに通うことを勧められました。中学時代は毎週通っていました。夫を自宅で介護するまでは私もカウンセリングに通っていました。

「学校に行きなさい」と言わずに済むようになりました

昼夜逆転になり、自分の部屋のドアを閉め切ってスマホでお笑いを見て笑っているぐらいしかうかがえませんでした。お笑いがあって救われていると思います。ただ、ご飯のときは自分の部屋で食べるわけではなく、一緒に食べていました。そのときは能面みたいな顔で全く表情がなかったです。

娘が中学に行かなくなって学校に中2は毎日、中3は週一回電話で様子を報告することになりました。初めは毎日!?と思っていましたが、教頭先生と教務主任の先生に理解がありそこまで嫌ではなかったです。

教頭先生は、過去に5人ぐらい不登校の生徒を担任していたことがある方でした。心療内科の先生から言われた「本人が学校に行きたいと言うまでは、行きなさいと言わないでください」という言葉をそのまま伝えたのですが、教頭先生はそれを「そうですよ」とそのまま優しく受け入れてくれました。それ以来、娘には「学校に行きなさい」とは一切言わなくなりました。

担任の先生は授業だの、受験だのあるので来なさいと言うのも分かるんですけど、とてもつらかったです。

教頭先生と教務主任の先生は、どこかに出かけられれば「良かったですね」と、出かけられなければ「そういうときもありますよね」と言ってくれ、話を聞いてくれました。相談もしやすかったです。

学年主任の先生も同じような対応をしてくれました。1年生から3年生まで同じ方でした。娘が言うには、1年生のときから、会えば必ず「元気?」とか、「大丈夫?」とか声をかけてくれたそうです。後になって「私が学校に行けなくなるのを何か分かっていたのかな…」と言っていました。

娘が中3にあがるときに夫がリハビリ病院に移動するのですが、その病院の作業療法士の方が心理学に詳しく、家族構成の説明の際に不登校の話をしたら娘と話がしたいと言ってくれました。その方からは「精神年齢が普通の子より高いから、同年代の子と話が合わないのがちょっとつらいかもしれないですね。もう少し年齢が上がってくると楽になると思いますよ」と言ってもらえました。今でも同年代の子とはそういう傾向を感じますが、以前よりは楽になりつつあるかもしれません。

楽しそうに見えた高校生活のスタート

高校進学は、初め定時制だと思っていて通信制高校のことは全く知りませんでした。たまたま、実家のある富山で私が独身時代に行っていて、今も母が行っている美容院で孫が不登校になっちゃってという話をしたところ、お客さんに富山のスクールカウンセラーとか不登校の子のお母さんとかがいて、不登校だったら通信制もあるよという話になりました。そこで名前のあがった高校が星槎国際高校でした。調べると名古屋にもあることがわかりました。

私立高校へ願書を出すわりとギリギリになっていたので、中学での面談の場から先生が電話をかけてくれて、その時点から最短の金曜日に体験授業に行くことになりました。本人は、通信制なんてと思っていたみたいなんですけどそんなことを言える状況でもなかったので。

私は金曜が忙しかったので、２回目からは本人１人で行きました。最後の体験のときに先生から夕方近くに電話があって「生徒がゼミで作ったお菓子があるので食べる？と聞いたら、ここで食べていきますと言うので少し帰りが遅くなりますが大丈夫ですか？」ということでした。その日は、けっこう楽しかったのだと思います。

１年生のころは多分楽しかったと思うんですね。男の先輩が多かったのですが皆さんいい方たちでした。夏休みの体験ゼミに、青春18きっぷで旅行に行きましょうという企画があって、行ってみたいと久々に積極的でした。ところが申し込んだのは娘１人だったらしくて、最低４人いないと開催できないということで、仲良しの先輩に、「行こうよ！行こうよ！」と自分から声をかけて最低の４人をなんとか集めて、引率の先生と一緒に四国に行きました。

あと自転車同好会のクロスバイク。「えー!?」って言ったんですけど。先生や先輩が「行くぞ! 買うぞ!」って。ツーリングは大変そうでしたが、それも楽しかったようです。

もうちょっと力を抜いたら…

元々責任感が強いのだと思います。高校の文化祭準備のときも、間に合わないからと土日に行ったり、家に持って帰ったりしていました。逆算して計画を進められるのはいいけど、自分で抱え込んで、みんなに頼めないのがあの子の苦しくなるところです。頑張りすぎて力が抜けないというか、もうちょっと力を抜いたらいいんじゃないのとは…。将来のことは本人がよく考えたことであれば、私は否定するつもりはないです。考え方がしっかりしているので、あまり浮ついた感じで、これでいいや、これにしとこうっていうタイプではないので、本人が考えてやりたいことであれば応援するつもりです。

娘からは「あなた」と呼ばれるようになりました。対等にしゃべれるというのかな。友達に話せないことも話せるみたいな感じかもしれないですね。向こうはどう思っているか知らないですけど。ちょっと悩んでいることでも、こう思うんだけどどう思う? みたいなことも、冷静に返してくれます。そういうふうに話ができるようになったのは良かったのかなって感じですね。

雄松久美子さん（左）と雄松正美さん

通信制高校の緩やかな時間の中で働くことの楽しさも見つけ子どもたちと触れ合う仕事が喜び

大津《おおつ》 里美《さとみ》 さん（25歳）

翔洋学園高等学校（神奈川学習センター）卒業／横浜こども専門学校卒業

高校卒業から専門学校を経て放課後等デイサービスの会社で働く大津里美さん。中学時代から通信制高校を選んだ経緯を踏まえながらこれまでのことを振り返ってもらいました。通信制高校を知るのは中学を卒業した先輩からと意外なところからでした。入学した通信制高校の生活は学校と働く楽しさを両立した、今に続く通信制ならではのものでした。

行けない理由は母にも言えなかった

親に理由は言いませんでしたが、中1の夏休み明けぐらいから学校に行かない日が続きました。最初は気持ち的なものから体調を崩していましたが、そういうのって案外すぐ直ってしまいます。でも、今度は休んでしまったので行きづらくなって…。おなか痛い、頭痛いと理由を付けて休んでいたんですが、いいかげん母もちょっとおかしいと思うようになっていきました。

中学に行かなくなったのはいじめが原因です。小学生のときもいじめにあった経験はあります。小学校では悪い言葉がたくさん書かれているメモが私の机に置かれていました。そのときは、すぐに母にその紙を渡し、打ち明けるのが早かったです。母が即座に学校に連絡してくれて、先生とやりとりを続けてくれました。そのおかげで、いじめはそんなに長くはなかったですが、一定の時期学校に行っていませんでした。中学に入学した1学期もちょこまかいじめにあったんですけど、小学校のときと同じ程度と私自身軽く考えていました。

だけど、小学校のときとは全然違う感じでした。いじめをする中心は小学校のときと同じ人でしたが、その周辺に女子グループができて人数も多くなっていて対抗する気力もなくなりました。中学は5クラスあったのですが各クラスにいじめグループが何人かいたんです。教室の中に、授業が終わって廊下に出ても、学年が上がっても結局いるんです、1人か2人はいじめに加わる人が。

いじめ行為は、目の前に来たら罵倒するみたいな状態でした。そこから行動に移されたら、もう立ち直る自信がないのは予想がついたので、自分がいっぱいいっぱいになった時点で逃げたんです。

同じ境遇だった友達と

休みがちになってだいぶたった中1の年明けに母にいじめのことを伝えたと思います。それまで母は、学校には行かないけど部活の美術部には行ってるし、外に出るのが嫌だというわけでもないので何が理由か不審に思ったみたいです。

部活だけ行ってもいいと先生から言ってもらえたので、放課後早めの時間に行っていました。部活には小学校から仲の良かった子に連絡を取ってから行っていました。その子とはクラスは違いましたが、部活は一緒で不登校になるまでは登校も一緒にしていました。私は夏休み明けから学校に行かなくなり、その子も1年生の途中から学校に行かなくなっていました。そう気がついたのは、メールを送ると学校に行っている時間帯なのに返信が来るようになったからです。

さらに、同じ子たちからいじめを受けていたことも分かりました。彼女は、私より粘って学校に行ったので上履きを隠されたり、机はあるのに椅子を隠されたりしたそうです。

学校には行きたいけど、1人で学校に近づく勇気はないなと話をしたら、その子もそうでした。それと、お互いに学校に行ってないのは事実だけど親戚からそれを言われるのもいやだという点も共通していました。じゃあ部活に一緒に行く？ということになって、当時は途中でいじめグループに会わないように神経をとがらせながら2人で部活に行きました。

自分が原因でケンカになってしまい

中2に上がって間もなく、担任からいじめをしていた側が謝りに行きたいと言ってるけど会うつもりある？　みたいなことを言われたんです。いや、見たくもないから学校に行ってないのに会うわけないじゃないですか。断りました。うわべだけで先生たちの前で謝ってもらっても現状は変わらないからと母に伝えて、母から先生に言ってもらいました。

もはやあきらめてたんです、学校に対する期待は。言っても、そのときは「いじめをなくすように頑張ります」と言ってくれるだろうけど、5クラスあったら絶対にいじめグループが1人か2人はかぶるんです。

勉強するのは好きで自宅で勉強もしていましたし、学校自体も嫌いというわけでなく部活には行っていましたが、中3になって高校進学をどうするかという壁にぶつかりました。

父は昔気質の人で学校に行くのは当たり前という考え方で、中学に行ってないんだから高校には行けないだろうと断定的でした。でも、母は担任の先生と会い続けてくれて公立高校の勧めを受けていたので、こういう話もあるから望みを捨てなくても大丈夫という意見でした。それが元で私の目の前で夫婦ゲンカに発展してしまうこともありました。それを見るのはとても嫌でした。

ただ中学から勧められた公立高校は、同じ中学から進学する生徒がけっこういたので、いじめグループの何人かはそこに進学するだろうという予感がありました。だから、そこは論外だったんです。後でわかったことですが、その予感は的中していました。

気持ちをポンッと押してくれた言葉

そんなとき、当時高3だった先輩が部活によく遊びに来てくれていて、たまたまどこか行けそうな高校ないかなという話になったんです。その先輩から、うちの高校は通信制だけど大丈夫だよと。通信制高校のことは知らなかったので、何それ？というのがその場の反応でした。その先輩は女性ですがちょっと男らしい感じの方で、やってみてダメだったらそのとき考えればいいから、後輩たちにも面倒見させるからと言ってくれました。ぶっきらぼうにも聞こえますが、揺らぎがちだった私の気持ちをわりとポンッと押し出して勇気を与えてくれました。

学校見学に行ってみると居合わせた生徒から「来るって聞いてたよ。楽しみにしてたんだ！」と言ってもらえたのがすごくありがたかったです。部活に来てくれた先輩が言ってくれたようで中学でのことは聞かれずに「もううち来ちゃいなよ」と、いろんなことができるよと先の話をたくさんしてくれました。そのまま入学したのはその言葉が力になったからだと思います。同じ境遇で部活だけ行っていた友だちも一緒に入学しました。

アルバイトで働く楽しさを見つけました

高校は週5コースで通っていたのですが、休みは木・日でした。10時から始業で、1日4時限3時で終わりでした。中学で授業を受けていなかった私としては、いろんなものを詰め込まれるよりそれぐらいのほうが良かったです。中学時代のかつかつのスケジュールより、時折笑いが混じりながら進む授業が合っていたと思います。土曜は特別活動で横浜みなとみらいや鎌倉など校外に行く機会もあってそれも楽しかったです。

慣れてくると自主的にレポートを完成させて持って行くようになりました。授業を受けていても、先生が説明する次の項をやっているような生徒でした。

同級生といる場が好きで、雑談だけでも十分満たされていました。最初のうちは同級生とも放課後一緒に過ごしていましたが、そのうちに周りの子がバイトを始めるようになりました。今日放課後どう？ ゴメン今日バイトなんだよね ということが多くなってきました。私も中学時代からバイトをしてみたいという気持ちがあったので高1の後半から探し始めました。

世の中、高校生は土日休みじゃないの？ みたいな考えがあって。私は土曜に学校だから入れなくて日曜だけとなると、なかなか雇ってもらえませんでした。最初のバイトはコンビニでした。夕方5時から10時までの時間帯だったので酔客などが来るかもしれないとあまり良い印象を持たずに始めました。でも、入ったら楽しくて、覚えなければいけないことが多くてたいへんでしたがレジ周りも店長ペースで回せました。高校時代は、パートさんの急な休みで応援を頼まれたときは休みの日なら受けていました。お店にも良かったでしょうけど、働く楽しさがわかって私にも有意義でした。

父との会話が復活しました

高校卒業からすぐ進学とは決めかねたので、両親に「働くので1年間自由をください」とお願いしました。しっかりと進学先を決めるのと同時に1年目の学費はきちんと貯めますとも言い切りました。

その1年間は、卒業した学校が行っている放課後等デイサービスという障害のある子を一時的に預かる事業のお手伝いをしました。ダブルワークでコンビニのバイトも続けて、専門学校の1年目の学費は自分で払いました。一方でお金を使っても残せるやり方が分かって貯める楽しみも見つけました。

そこで小さいころから夢だった子どもたちに関わる仕事が明確になりました。小学生になってからも大好きだった幼稚園時代の先生と手紙のやりとりをしていて、私にはそのうれしかった思い出がずっと残っていたんです。

専門学校に入学してから親戚のやっている学童保育の手伝いもするようになり一時は専門学校以外

にトリプルワーカーの時期もありました。学童では子どもたちの送迎を父がやっていたので子どもたちの様子が共通の話題になり会話が多くなりました。母が話題に入れないとひがむくらいでした。

中学時代は、父との会話はほとんどなかったんです。中学時代は、おはようと返してもその後はイヤホンを耳に入れて何も聞こえないふりでした。どうせ「何で行かないんだ」と言われ、分かってくれないと思っていましたから。通信制高校へ進学するころから父との会話がだんだん復活して、「厳しく育てられたから女の子にどう接していいか分からなかった」といった本音を聞くこともありました。父自身、学校に行くのが当たり前という方法しかわからなかったのだと思います。

現在は、専門学校時代にバイト先でもあった放課後等デイサービスの会社で働いています。バイト時代から数えると5年目になるこの春に事業所の管理者となりました。責任もぐっと増えましたが、子どもたちの成長を感じられるのはすごくうれしいんです。

実家からさほど遠くないところで一人暮らしも数年前から始めました。ときどき帰ると、父は苦手なはずの料理を作って待っていてくれます。仕事のグチを言っても具体的内容は分からないので父も母も「そうだよね。たいへんだよね」と受け止めてくれます。分かる人に言えば「でもねぇ」と反論が返ってきそうな内容も。

グチを聞かされる方は、ちょっときついかもしれないですが、私としてはすっきりしてまた次の日から頑張れます。

私が防波堤になってあげたい──肩肘張った娘の学校生活からも肩の荷が下りました

母　大津《おおつ》るみ　さん

大津里美さん 母

楽しんでいるとばかり思っていた一人娘の中学生活。あるときから暗雲が立ちこめました。いじめを受けて行きづらくなっていたのです。中学ではそんな事態はないだろうと想像していたのに。そこから中学校への働きかけを行います。夫婦間での意見の対立もありました。娘さんを第一に考えた背景にはご自身にも同じ体験があったからかもしれません。

楽しく中学に行っていると思っていたのに

娘は小学校からの仲良しの友達と中学に上がったので、楽しく行ってるんだと思っていました。近所の知り合いが、「里美ちゃんあそこにいたよ、学校で勉強してる時間じゃなかったかしら…」と言われけげんに思っていると、また何日かすると、どこどこにいたわよと言われました。帰ってきてから学校に行ってないの？と聞くと、学校に行ったけど途中で抜け出したというのががけっこうありました。

小学校でいじめがありましたが、それは終わったんだと思っていました。同じ小学校から中学校に上がる子が多いのですが、まさか同じクラスにならないだろうし、登校しても時間によっては会うこともないだろうと安心していたんです。

いじめがあることを否定されて

少し後のことになりますが、いじめを受けていると聞いたときはびっくりしました。

学校に行きたくないことが分かり、娘から話を聞いていじめが原因だと知りました。すぐに中学の担任の先生に確認を取ったところ、「いや、そんなことはありません。みんな仲良くしてますよ」というお返事でした。担任の先生からは具合が悪くて早退したという話も出ましたが、それは本当に体調不良のときもあったでしょう。そこは学校の居心地が耐えられなくてウソも方便みたいなこともあったただろうと思いましたが、そうなんですねとうなづいていました。何回かそういう電話でのやりとりがあって、担任の先生や生活指導の先生にちゃんと調べてくださいとお願いしました。

同じクラスの友達のお母さんもいじめがあると感じていて、その友達もいじめられていたということで一緒に学校に行き、担任の先生や生活指導の先生と話したことで、やっと担任の先生がいじめを認めたんです。それまでは、先生方も忙しいだろうと思って電話で話をしていました。学校に何度も行くと、大津のお母さんが毎日学校に来てるじゃんというように見られるのも嫌だったですから。結局、それまではいじめのことを隠してたんでしょうね。

娘の事情が分かったわけ

娘は小4ぐらいに朝起きるのもつらくなって学校に行きたくないということがありました。そのときも原因はいじめだったのですが、最初のうちは何で学校に行かないんだろうという感じでした。

いじめと分かってたまたま知り合いに相談したら、担任の先生に言っても多分はっきり言わないだろうから、その上の先生、教頭先生に相談したほうがいいよとアドバイスされました。教頭先生や養護の先生に相談して、教室に行きたくなければ保健室で勉強すればいいんじゃない？と言ってもらい、娘も保健室なら行くよということで保健室で過ごしていました。私も一緒に行けるときは一緒に行って、勉強を見ていました。私が用がある場合は、迎えに行くまで保健室で勉強していました。養護の先生も担任の先生も理解してくれて、担任の先生が用意してくれたプリントなどで勉強しながらけっこう伸び伸びと過ごしていました。5、6年生のときは定期的にクラスに戻っていました。

小学生のときも本人には深刻なことだったと思いますが、苦しいこともけっこう胸に収めてしまい口を閉ざして自分の中で処理しようというクセのようなものがありました。私や夫には困っていることをあまり言わなかったです。

まさか自分の娘がいじめられてるとは思いませんでしたが、なにより娘がかわいそうだと思っていました。私も小学生のころ、いじめられた経験があるので…。私の場合は両親が共働きで、あまりそういう話を聞いてくれることがなかったので自分で判断するしかありませんでした。我慢して学校に行って、授業を受けて、1人で帰って来ていました。中学の部活でもいじめがあって、部活は出るけど、やっぱり辞めようかな、早退しようかなとずいぶん悩みました。だから娘のために自分が防波堤になってあげようと思っていました。

ただ、学校に行きなさいと押し付けるばかりではなく話を聞いてあげて、もし無理であれば家で勉強すればいいと思っていました。投げやりではありませんが、娘が行きたい気分になれば行ってみたらいいと理解していました。

行くも、行かないも本人に選ぶ権利がある

中学校の担任の先生は、学校に来させたくてしょうがないので毎日電話がかかってきました。「今日は来なさいよ」「お母さん、連れて来なさいよ」と言われましたが、あるとき「それは無理です」ときっ

ぱりとお返事しました。本人が行きたくないのに無理やり行かせることはできないので、行けるときは前日に電話しますということにして、先生からの電話はけっこうですからとお返事しました。

義務教育は分かりますが、本人が行きたくないのに無理やり連れて行くのは、小学校とか、幼稚園とかの年齢ではないので、本人に選ぶ権利があってもいいのかなと私は思いました。

いじめメンバーがいる教室に入って授業への参加は無理ですが、テストは家で勉強して別室に受けに行ったり、部活は意外と嫌いではなかったので参加できていました。テストを教室以外で受けられるようにお願いしたのは私からですが、部活への参加は自分から働きかけていました。中学は義務教育なので嫌でも卒業はできるので、その後のことは後で考えればいいから、当時は取りあえず中学生の時間を満喫できるように過ごしてほしいと思っていました。

緩やかな通信制が娘に合っていました

中3になってからの進路相談では、中学に行ってないので成績は良くないんですが高校を絞ればギリギリ行ける学校がありますと言われました。それを娘に相談したら、即座に嫌だと言われました。その高校は近所にあったので、いじめメンバーが進学する場合もあるので嫌だということで、その気持ちもわかりました。いずれにしても娘に選ぶ権利があるので、自身で探すか、一緒に探すかして、自分に合った環境の通いやすいところを見つけてもらえればいいと思っていました。

入学した通信制高校学習センターは、ぎゅっと締め付けられずに緩やかな学校という話を事前に聞いていたので、通信制だから悩むということはなく娘に合っている学校だと私は想像していました。結果的にゆとりを持って3年間明るい気持ちでいてくれていい方向に行って、気持ちが本当に楽になり、肩の荷が下りた感じでした。

私が家の中にいることが多いので、友達と寄り道したり、先生からしなくていいと言われながらもおせっかいのように事務仕事を手伝ったりして、それを帰ってきて話してくれるのが楽しみでした。

卒業するころは、もうちょっとこういう環境にいてくれればいいのにという気持ちもあったくらいです。

離れて暮らして気持ちが切り替えられました

高校卒業にあたって1年間働くと言われたときは、本人が将来やれる仕事が見つからないのであれば、ゆっくり調べて本当に自分がやっていけそうなところを探してごらんと娘に託す気持ちでした。

親戚に看護師が多かったので当初は看護師になるということもあがっていたので、親戚の目を感じて夫はちょっと焦っていたかもしれませんが。最終的に夫も私もやりたいことが見つかるまで1年でも、2年でも探してごらんと気持ちが一つになりました。

それまでは、夫と意見が食い違うことがよくありました。夫も私もきょうだいがいて末っ子なのですが、やはりお互い育ちが違うのだと思います。夫は義父がわりときつい人だったのでその考え方が強くて、娘が学校に行かないときは義務教育なんだから行くのが当たり前という考えでした。私は本人がいやがっているんだから無理に行かせられないという考えでした。私は両親が共働きで、あまり手を掛けられず、その分自分のしたいようにしてきたからかもしれません。

娘が一人暮らしをしたいと言ってきたときはびっくりしました。ずっと自宅から通うと思っていましたから。住む場所が割と近いところだったので、少しホッとしました。

車で行けばそんなに遠いところではないので、夫はよく娘の送り迎えをしているので逆にうれしそうな様子もあります。娘がガソリンを入れてくれるので、なくなりそうになってもそのままにしています。ガソリンスタンドに一緒にいるほんの短い時間も楽しいのだと思います。夫の頭の中では、娘は3歳ぐらいのかわいい盛りのままなのかもしれないです。

娘が一人暮らしを始めてから、私たちも夫婦げんかはそんなにしなくなったし、娘と離れたことで夫も気持ちの切り替えができたのだと思います。

大津里美さん（左）と大津るみさん

計画を立てることが身についてできることがたくさん増えました自分がしんどくならずに

古田《ふるた》紗貴《さき》さん（23歳）

NHK学園高等学校（協力校：大阪夕陽丘学園高等学校）卒業／ホンダテクニカルカレッジ関西4年生

中3の進路を決める際に最初に出かけた先は職安でした。進学先を決めかねた挙げ句、両親の影響による行動でした。中卒で働く難しさを知る一方、不登校になります。家庭と中学両方に居場所がありませんでした。通信制高校では生徒会長を務め行事を企画しました。計画的に考える習慣はそこが転機だったようです。4年制専門学校卒業を迎えました。

先が見えなくて職安まで行ってみました

高校に進学しないといけないとぼんやりと思っていました。中3で進路調査用紙をもらったのに高校名を書けなかったんです。みんなは、何でパッと行きたい高校が決められるんだろうと不思議な感覚でした。

そのころ、アバターでチャットしたり、ゲームしたりするアメーバピグが趣味で、たまたま話していた女性が大阪の方でその人の出身高校を教えてもらい、その校名を先生に伝えたら「確実に無理や、行けるわけない」と言われてしまいました。その高校は、府内でも難関校だったんです。そのころは休みがちだったので、５段階評価もかなり悪かったんです。もう、行けるとこないやんって思い込んでしまいました。

じゃあ、どうするかと…。父も母も中学生のときから働いていて高校も自分の力で行ったと言われ続けていたので、これは自分で社会に出るしかないと考えるようになりました。

父は４人きょうだいだったのですが母親を小さいときに亡くして、父親も15歳のときに亡くなって、４人きょうだいでずっと生きてきたようなものだと、高校時代も自分たちで生計を立ててきたということでした。母は長女なのですが、下に10歳以上離れた妹と弟がいて、おじいちゃんがお酒を飲むと人が変わってしまう典型的な人で、おばあちゃんも病気がちだったので、小さかった妹を母が世話をしていて、おじいちゃんがキレたりすると何かを投げつけられることもあったそうです。

父も母も、そのしんどい状態から抜け出すために自分で働いたと聞かされ続けて、私自身をその状況に当てはめたくはないと思いましたが。でも、その影響が強くて私も職安（※）で仕事を探さないといけない。高校にはもう行かないという方向に傾いていきました。

職安で、高卒資格がないと生きていけないと職員の方からさとされ、実際に求人もありませんでした。そのことを母に言ったら、「そういうもんや」とそうなることは全部わかっていたみたいに言われて、訳がわからなくなってしまいました。

※職安：公共職業安定所、愛称はハローワーク

家にも、学校にも居場所がなくなって

中3の10月、母に「明日から学校に行かない」と告げました。きっかけは、机にかけていたリュックの中に破れたカイロが入っていたことです。そろそろ中3の進路を決める時期になったあたりで、何か自分の未来が見えなくて、もう生きていくのが嫌だと思っている中でのことでした。

いつも男子がカイロを投げ合っていたので、たまたま入ったんじゃないかといろんな子に言われたんですけど、これっていじめなのかなと思ったりもしました。それが起こった日にもう学校に行くのをやめようと思ったんです。家にも居場所がなくて、学校に来てもこれでは…と。私と両親との関係があまり良くなかったんです。

あるときのことですが母が見ていたテレビを消したので、私がまた付けて好きな番組に変えたら「なんで変えるんだ!」とすごく怒りだしてしまいました。母がやったことに対して、「これやったやん」と私が言っても、「やってない!」と反論され、意見の食い違いがすごく多かったんです。いつも都合のいいように変えられていました。何なんだろう、この二面性は？と思って、ちょっとしんどくなっていました。

中学に行かないと言ったとき、「何があったの?」とは聞かれませんでした。とりあえずその事実を父に言ったらダメだというのが母の考えでした。

ただ、何かのときに私が学校に行っていないことを言わなければいけないと母が思ったみたいで、家族３人でそろったときに、私が学校に行っていないことを説明したんです。やはり何があったとは聞かれずに、父は「自分が情けないよ」とだけ言いました。

何で自分が情けないんだろうと…。私のことは心配じゃないのか、ショックしかなかったです。その一言で、これって本当の家族なのか、家族に対する不信感がわきました。家族の仲が良かったら、カイロの件があったとしても学校に行きたくないとは言わなかったと思います。

自分で進路を選べた〝決定打〟

高校進学は、工業系や専門系ならまだ行きやすいのかと思い、工業高校の体験に行ってみました。体験させてもらった内容がロボットやプログラミングで楽しいとは思ったのですが普通科高校よりお金がかかってしまうだろうというところに行き着いて、学力的にはギリギリ行けそうでしたが、ここも行けないと思いました。通信制高校に決めたのはそういう面もあります。

叔母が看護師をしているのですが、家に来て鬱の人の学校もあると母とちょくちょく話しているのが聞こえました。家の中では、私がおかしい人と思われているんだなと感じざるを得ませんでした。

卒業したNHK学園高校は、母が勧めてきたのですが女優の杉田かおるさんが卒業生で、それをテレビで見たのがきっかけのようでした。NHK学園高校のオープンキャンパスに行ったときは、たまたま集中スクーリングを同時開催していました。そこにはスーツを着た社会人の方もいて、それを見て同い年の子に比べたら大人の中にいるほうが流されずにすむと思った半面、金髪の人もいて恐いなということもありました。それを担当してくれた先生に正直に打ち明けたところ「見かけを派手にしているのは自分を強く見せるためにやっているだけだから、それほど気にしなくていいよ」と言ってもらって、その言葉に納得してこの学校だと思いました。

高校を決めるというのは、順調に過ごしてきた方からしたら当たり前のことで、夢も持ちやすいと思うんですけど。私の場合は、流された感もあるにはあるんですけど、自分で進路を選べた、初めて人生の大事な決定打を一つ打ったことになりました。

生徒会長になって計画性が身についた

高校1、2年のころは学級委員をやっていました。先輩だったと思いますが、1年生はなにかの役員をやってくださいと言われて、じゃあ学級委員をやりたいと思って2年生も続けました。

2年生の終わりころに、来年度の役員を埋めてほしいと先生から言われ、それなら自分で生徒会長をやりたいとぼそっと言ったのだと思います。〝会長候補〟になりました。ほかに2人ほど会長をやりたいと思っていた人がいて担当の先生から一人ひとりに会長になって何をやりたいか聞かれました。初めは、特に理由はなかったんです。ただ、楽しそうだと思ったぐらいで。先生から聞かれたときは「小学生のときから委員会をしていたので、学校を変えたいと思います」みたいなことを言いました。

結果的に生徒会長に選ばれたのですが、名前だけなのかと思っていたら、その先生からちょくちょく連絡が来るようになりました。卒業式での送辞を頼まれてネット検索しながら送辞の文章を考えたり、その後は体育祭やUSJへの遠足などの準備をしたり。そこからもうやるしかないと、計画的に物事を考えなくちゃいけないと思ってやりました。

一番の思い出は体育祭なんです。私が1、2年のころは、30人も参加者がいなかったんです。2年間ずっと同じ種目で、特に頑張っても何もないみたいな。お弁当が出るぐらいで…。イメージですが全日制の体育祭ってもっと華やかな気がしていました。

ただ、通信制なので大人の方も来てくれるようにするには何がいいんだろうと思ったとき、景品を付けることだって思って。その景品は図書カードにしたかったんです。図書カードだったら、私みたいに本好きな子がきっと多いと思ったので、それ欲しさに来てくれると思ったんです。ただ、安くても1枚500円なので、何人来てくれるかと思ったときお金が心配でした。先生に相談したら通帳を渡してくれて、その通帳の中に入っている後援会費からなら使っていいよと言ってもらえました。最初は、参加者全員に図書カードを渡そうと思ったのですが、会計の方がいて、その方が大人だったんです。「それだったら優勝したチームはどうなるの？　頑張った甲斐は？」と言われて最終的に優勝したチームだけに図書カードをあげることになりました。なので、そこまで金額はかかってないです。

お弁当も自分たちでコンビニに注文しました。たぶん60～70個ぐらいでした。終わった後に先生が、過去最多の参加人数というのを教えてくれてすごくうれしかったのを覚えています。

リレーや大縄跳びもやりました。あと障害を体に持ってる方も多かったので、その方にも来てほしくて、車椅子の方とペアになって走ったり、車椅子を借りてきて健常の人に座ってもらってリレーしたり、あと二人三脚とかも。みんなが近くなれるような競技をしました。普通の遊びだったら面白くないからいろんなことをしようと提案して、体育祭では入れないバスケも私が推して入れました。

気持ちを客観視できるようになりました

この春、専門学校を卒業して陸運局に就職し1級自動車整備士の資格を取る予定です。自動車整備士資格に興味を持ったきっかけは、家族で車で出かけた先の高速道路でタイヤがバーストしたのをJ

ＡＦ（※）の方に助けてもらったことでした。

私は、高校を卒業してから１年間ブランクがあります。当時は、とりあえず大学進学するぐらいの学力がほしくて、卒業したＮＨＫ学園高校の学習会に参加させてもらって勉強を教えてもらっていました。そのときにアルバイトの面接を受けて落ちてしまいました。学習会が日曜にあるので平日は大丈夫だったのですが、バイト先は平日は主婦パートがいるので日曜に入れる人がほしかったようで不採用の連絡をもらいました。

バイト面接に落ちてから１か月ぐらいふさぎ込んでいました。昼夜逆転もして、両親もこれからどうしていくんやろうと思ったみたいです。特に父が私の機嫌を取るような感じで、休みのときに「どこか行きたいとこない？」みたいに聞かれてドライブに行くことになりました。その途中の高速道路でタイヤがバーストしてしまいました。

ＪＡＦを呼んでスペアタイヤに替えてもらったのですが、その方がめちゃくちゃ優しかったです。ただ単にタイヤ交換をするだけなら、それほど興味はわかなかったと思いますが、動転している気持ちを落ち着かせてくれる言葉掛けで、救急車で助けてくれたような感じでした。後から自分もそういう人になりたいと思って…。なので、最初は整備士になるよりＪＡＦに入りたいと思っていました。

専門学校は、当初２級整備士となる２年制課程でしたが、そこでは卒業して就職はできるけど、女性整備士の場合は体力面できつくて続けることが厳しくなることがわかり、１級整備士が取得できる

※ JAF：日本自動車連盟、故障車救援（いわゆるロードサービス）などを行う

4年制課程に編入しました。1級を取って陸運局など検査を主体とする方向に変えました。

今も気分が沈むときは本当に沈んでしまいます。

ただ今は、それを客観視できるようになりました。沈んだときに無理をしたらすごく衝動的になってしまうことが目に見えているので、ちょっと自分に優しくしようと思って、好きな小説を読んだり、ちょっと長く寝たりしています。小説を読むことと寝ることで自分の精神のバランスを取っています。

古田紗貴さん

第2章

通信制高校を選んだわけを聴く

在校生編

在校生PHOTO

P74
北海道芸術高等学校
安達《あだち》 莉花《りか》 さん

好きなイラストの勉強と、友達と過ごす時間を両立

人間関係の不和で不登校になった中学時代。イラストの勉強も友達と過ごす時間も充実した今、叶えたいことがすべて叶い続ける楽しい学校生活。

P80
日本ウェルネス高等学校
西村《にしむら》 光生位《こうせい》 さん

充実した野球環境で甲子園、プロを目指す

中学時代、クラブリーグの日本選抜に。複数の高校からスカウトを受けながら、地元栃木を離れ、日本ウェルネス高校を選んだ理由とは。

P86
ルネサンス高等学校
齋藤《さいとう》 涼太《りょうた》 さん

自制心、親友、将来への考え・・・eスポーツがくれたもの

eスポーツは、高校を選ぶ一つのきっかけだった。「楽しみたい」という純粋な思いが、あきらめない心、仲間の大切さ、そして将来に対する考え方も教えてくれた。

P92
駿台甲府高等学校
西舘《にしだて》 奏壱郎《そういちろう》 さん

難関大学受験を目標に「前を向けた」

陸上での怪我、父の死。無気力だった日々を変えた難関大学受験という目標。学力も人間性も成長する新しい高校生活。

P98
代々木グローバル高等学院
高部《たかべ》 凛《りん》 さん

本格的な長期留学と高校の単位修得を両立

入学前から長期留学をスタートさせ、3年間で合計4地域を渡りながら、日本の高校卒業単位もしっかり修得する学校生活。

P104
KTC おおぞら高等学院
高橋《たかはし》 秀明《ひであき》 さん

好きなことに取り組める環境で回復できた自信

好きなプログラミングを学びながら自由な時間もある充実した生活。自分の理想を叶えられる環境のなかで、取り戻すことができた自分らしさ。

P110
八洲学園高等学校
根木《ねき》 司《つかさ》 さん

系列のフリースクールから高校進学

中学時代系列の「八洲学園 中等部」に通い、そのまま同じ環境で過ごせる八洲学園高校へ進学。安心しながら、さらに成長を実感する日々。

P116
学研のサポート校 WILL 学園
田中《たなか》 啓太《けいた》 さん

訪問支援の活用で、ひきこもり生活から社会復帰

ひきこもり生活から家庭教師という形での訪問支援を経て、通学型へ移行。学校の楽しさ、そして本来の前向きな自分を取り戻している。

P122
飛鳥未来高等学校
和山《わやま》 菜々美《ななみ》 さん

起立性調節障害と向き合いながら美容師免許取得を目指す

通学日数や時間を自由に選べる飛鳥未来高校で、起立性調節障害と向き合いながら高校生活を送る。同時に美容師免許取得も目指す。

P128
東京共育学園高等部
鈴木《すずき》 翔大《しょうた》 さん

発達障害に配慮してくれる環境で充実の学校生活

発達障害があっても高校生活を送りたい。少人数の安心した環境で、専門知識を持つ先生たちが、日常のあらゆる場面で配慮をしてくれる日々。

P134
専修学校クラーク高等学院 大阪梅田校
中村《なかむら》 優介《ゆうすけ》 さん

温かな環境と好きな勉強で「毎日通える」

不登校で昼夜逆転生活だった中学時代から、クラーク大阪梅田校入学後に休んだのはたった１日だけ。毎日通学を可能にした環境と好きなことに取り組める時間。

P140
N 高等学校
山下《やました》 奎輔《けいすけ》 さん

「投資部」で出会えた挑戦する自分

自由な時間で学べる環境が「投資部」への参加を後押し。活動を通して「社会に貢献できる投資もしてみたい」という夢ができた。

イラストの勉強や友人と過ごす時間…中学時代できなかった楽しい学校生活

安達《あだち》 莉花《りか》 さん（16歳）

北海道芸術高等学校
東京池袋サテライトキャンパス1年生

幼い頃から絵を描くことが好きで、デジタルイラストを学びたいという気持ちを抱いていました。プロから指導も受けられる北海道芸術高校に進学。中学時代は人間関係の不和から不登校となった経験もあり、高校ではやりたいことに打ち込み、新たな目標ができ、これまでできなかった楽しい学校生活を過ごせています。

幼い頃から好きなイラストを学ぶため進学

幼稚園の頃から絵を描くことが好きで、小学校4年生の時に父が持っていたタブレットを譲ってもらったことがきっかけで、イラストアプリなどを使用して本格的にイラストを描くようになりました。小学校のマンガクラブにも入っていましたし、小5から現在まで絵画教室にも通っているんです。中学時代は美術部に入部して、部ではデジタルイラストは扱っていませんでしたが、個人的にやっている部員もいて、自由時間にアプリの機能について話したりしていました。

中2の時学校で北海道芸術高校のパンフレットを見かけて、マンガ・イラストコースでデジタルイラストの授業を受けられると知りました。体験入学に参加し「絶対ここに進学する！」と決めたんです。高校進学を考えるタイミングで不登校で学力が追いついていなかったのもあって、通信制高校の北海道芸術高校がいいと考えました。

不登校になったのは中1あたりから雲行きが怪しくなって、中2の中頃には本格的に。3年に進級して学校に行き始めましたが、夏休み前くらいからまた不登校になりました。原因は部活動での人間関係です。私と部員の人たちの間で上手くいかないことがあって。また、顧問の先生とも折り合いがつかなくて、気が滅入ってしまいました。

高校は今の学校に決めてはいましたが、定員の関係で本当に入れるのかだんだん不安を感じるようになっていました。焦っている時に校長推薦という枠を知り、それを使うために、中3の夏休みからフリースクールに通いました。そこでの活動内容を中学校の校長先生にお話しすることで推薦していただいて、無事入学することができたんです。

イラストを筆頭に好きなことができるように

高校は全く知らない場所、知らない人ばかりなので、一からスタートできる感じもあり、新しいことにも挑戦できる楽しみがありました。

私は週5日通学しています。一日のなかでイラスト関連の授業は平均2時間程度で、多い時には4時間の時もあります。

絵具やマーカーなどを使って絵を描くアナログイラストという授業があって、一番ためになったと感じます。デジタルだと変形や反転、取り消しが簡単にできる一方で、アナログではそういったことはできないので、緻密な作業や成功した時の喜びなどを通して重要な基礎を学ぶことができました。

その授業で初めてコピックイラストに挑戦したのですが、自分でも上手くできたと感じましたし、評価もAで返ってきてとても嬉しかったのを覚えています。一番好きな授業はデッサン。基礎の基礎なので、クラスメイトのなかには嫌だと口にする人もいますが、みんな真面目に取り組んでいますね。

イラスト関連の授業はプロの方が指導してくれて、手掛けた作品を聞けば思い当たるような方ばかりです。プロの技術は参考になりますし、話が上手な方や一人ひとり回ってわかりやすくポイントを教えてくださる方もいるので、とても勉強になっています。家で絵を描く時間はほとんどなくなりましたが、入学前よりも上手くなったと自分でも感じます。

同じコースには絵を描いてきた子が多いので、クラスメイトから学べることも多いです。今までの学校だとみんな好きなものがバラバラだったけれど、ここでは共通の趣味を持つ子が多いので、友達は作りやすい環境だと思います。

ただ私たちの場合は、入学当初はコロナ禍の影響で入学式や交流会がなくなってしまったので、友達が全くいない状況でした。でも、6日間の本校スクーリング（北海道仁木町）で同じ部屋になった人たちと絵を描き合ったり、話をしていくうちに仲良くなり、そこからみんな仲良くなっていきました。スクーリングでは一日授業を受けるので終わった後の解放感がすごく、余計に楽しかったです。

イラスト以外にも普通の教科の授業もあります。テスト期間やレポートの提出期間は勉強に集中しないといけませんが、通常は学校の勉強とイラストの勉強の両立は大変だとは感じません。勉強は相変わらず苦手ですが、単位を取るためのレポートは教科書を見てコツコツこなせばできる内容ですし、授業も先生が雑談を挟んだり途中で飽きさせない面白さがあります。先生の話を聞くために授業に出席している子もいるんですよ。

先生たちは生徒が落ち込んだ時はしっかりと時間を取って相談にのってくれています。とても気を配ってくれているなと感じますし、休み時間も先生から話しかけてくれて、ちゃんと生徒のことをわかってくれる先生ばかりで、中学の時とは違うなと思います。

授業は長い時で16時半、基本的には14時半に終わるのでバイトをしたり、イラスト以外の趣味に充てたりしています。今までできなかった好きなことにも時間を費やせるので、充実しています。

また私は生徒会に所属もしています。生徒会は担任の先生が「やらない？」と声をかけてくれて、でも初めは中学の時のように選ばれないのが怖かったので断りました。ですが、自分のなかにやりたい気持ちはあって、断った後に授業中にも関わらず思わず泣いてしまったんです。それでやらないと後悔すると思って、やることを決意して先生に伝えました。実際に活動のなかでイラストを描いたりして、やりがいを感じることもあったので、入って良かったと思っています。

生徒会にはいろんなコースの子が集まっていて、自分のマンガ・イラストコースとは異なった系統の生徒がいます。ほかのコースの人とはスクーリングの時につながりができたりして…、私や同じコースの人とは全然違う目標を持ち、違うことをしているので尊敬します。

中学でできなかったことを叶え、新たな自信と目標を持った

今は彫刻や美術に興味があって、美術コースへの変更を視野に入れています。また、全国の北芸の生徒の作品がまとめられた作品集に掲載されるという目標ができました。掲載されるには審査があるので、選ばれるのを目指して制作に励みます。

将来的にイラストの仕事をしたい気持ちはありますが、夢は未定です。ただ、現時点ではありますが、進路として芸術系大学への進学を考えています。授業内容や知っているゲームの制作者が卒業生というのを説明会で知り、関心を持つようになりました。

この学校に入ったのは、「中学で楽しい学校生活を過ごせなかったから高校では好きなことをやろう」というのが一番の理由です。今、休み時間にクラスメイトと話せるのが本当に楽しくて、中学校でできなかったことをすべて叶えられている状態なので、些細なことでも楽しく感じます。この学校に入って、やりたいことができるようになったという自信をもてるようになったので、自分に自信をもってしっかり人と向き合えるような人になりたいです。

現在、不登校の人も、何か一つでも今までと違うことをやるだけで、楽しいと思う時間が増えたり、学校に行きやすくなることもあると思います。ですので、無理しない程度にきっかけになりそうなことに挑戦したり、自分のやりたいことを極めるのも大事なのではと、今は思っています。

野球に一番集中できる場所 温かい部員と指導者に恵まれる日々

西村《にしむら》 光生位《こうせい》さん（17歳）

日本ウェルネス高等学校
東京キャンパス　スポーツ専攻２年生

兄の影響で小学１年から野球を始めました。中学まで硬式クラブチームに所属し、中学時代は日本代表にも選抜されました。複数の高校からスカウトを受け、「最も野球に集中できる環境」として日本ウェルネス高校へ進学を決意。充実した練習時間と設備のなかで、現在、自身の怪我と闘いながらも、甲子園とプロ野球選手を目指し練習に励んでいます。

通信制とわかり、むしろメリットに感じた 地元を離れ寮生活を決意

小学校から中学まではクラブチームに所属していました。ずっとピッチャーで、中学1年の時にチームが全国大会で3位になり、僕個人としては、その後リーグの日本代表に選抜されてアメリカで親善試合に参加した経験もあります。そうした実績を評価していただいて、中学3年生の時に複数の高校からスカウトをしてもらえたんです。そのなかの一つが日本ウェルネス高校でした。

もともと目指していた高校はありませんでした。それでも、やはり強い学校に進学したいと考えて

いましたし、せっかくなら自分を必要としてくれるところでプレーしたいと思いました。

出身は栃木県で、学校の成績も悪くなかったので、地元の県立高校という選択肢もありました。日本ウェルネス高校だと東京キャンパスの所属になるので、進学となると親元を離れて寮生活になります。そのあたりも含めて家族や学校の先生、クラブチームの監督などと相談をしていきました。

ただ、僕のなかで揺るがなかったのは、野球を中途半端にだけはしたくないという気持ちでした。当時も今も目標はプロ野球選手になることです。その夢を叶えるため、一番野球に集中できる環境は何かを考えた時、最後に残ったのが日本ウェルネス高校だったのです。

正直に言うと、声をかけていただくまでは全く知りませんでした。通信制高校だと知ったのもずいぶん後になってからです。だけど、改めて通信制のシステムを調べてみたら、時間を自由に使える分、どこよりも練習時間が取れて、野球に集中できる環境になっていると気づきました。それがわかってからは、むしろ日本ウェルネス高校を選択することのほうがメリットだなと感じるようになったんです。

通信制高校には、いろんな事情で学校に行けない生徒が通う場所といったイメージを持っていました。ですから、野球部にもどんな部員がいるのかと不安を持っていたことは確かです。

しかし、入学前に何度か野球部の練習会に参加したら、自分の思っていたようなイメージとは全く違っていました。チームの雰囲気がすごく良くて、参加する度に先輩後輩の仲の良さを感じました。

中学生だった僕にも、先輩方が優しく教えてくださり、それが本当に嬉しかったですね。

高校の野球部って、どこも先輩後輩の関係が厳しかったりします。でも、日本ウェルネス高校は比較的新しい学校ということもあってか、そうした風潮は全く感じませんでした。もし、少しでも先輩が怖かったり、後輩いじめなどの噂を聞いていたら、僕も進学を考え直していたかもしれませんね。

圧倒的な練習時間があるうえしっかり体も休められる

寮生活では、毎朝7時半に起床して、朝食と清掃を済ませてから9時までに学校に登校します。授業は午前中で終わり、午後から練習をして寮に帰宅するのが20時くらいです。夕食後は自主トレをすることが多く、その後、お風呂と洗濯を済ませて23時には完全消灯となります。

寮にはトレーニングルームもあって設備が充実しています。遠い所から通学してくる部員の話を聞くと、どうしても朝が早くなったり、自主トレも満足にできない様子なので、その点、日本ウェルネス高校での寮生活は自主トレもでき、睡眠時間もしっかり取れるので、本当に野球に集中できる良い環境だと思っています。

寮生活を省いても、他校と比較した時に一番メリットと感じるのは、やはり練習時間です。ほかの学校なら夕方まで授業があって、学校によっては22時頃まで練習をやっています。日本ウェルネス高校は毎日午後の一番良い時間帯で練習ができ、早く始められる分、遅くない時間で練習を終えられるので、体もしっかり休めることができるんです。こんなふうに時間も質も、両方良いかたちで野球ができるのが通信制高校の利点なんだなと感じます。

最近は専用グラウンドもできて、さらに設備も充実してきています。監督も高校野球の世界では顔の広い方なので、土日は各地方の強豪校と練習試合ができ、良い経験をたくさん積めていると思います。

寮では23時消灯ということ以外、特に厳しいルールはありません。テレビもスマホも自由に見られます。ただ、自主トレや洗濯、学校のレポート作成もありますし、部員は必ず毎日「野球ノート」を書く決まりがあるので、それらをやっていると、実際は自由な時間はほとんどありません。また、野球部員である以上、学校のレポート提出は絶対に遅れてはいけません。本当に大変な時は、自主トレの時間を削って、みんなで焦って取り組んだりすることもあります。

食事は寮母さんが昼食と夕食を用意してくれますが、朝食と日曜日の夕食だけは自分たちで準備します。料理は入学前に母から少し教わり、最近は同級生の上手な部員にも教えてもらいながらだんだん覚えています。洗濯も全部自分で毎日やらなければいけないので、今になって改めて親のありがたみを感じています。自宅通学の部員はおそらくそこまではやっていないでしょうから、その分自分は成長できているのかなとも感じています。

ベンチ入り直後に2度の怪我
家族や監督の支えられ完全復帰目指す

実は1年の秋にベンチ入りをして、ピッチャーとして背番号10をもらうことができたんです。しかし、試合前日にブルペンで肩を壊してしまい、そのシーズンは全く投げることができませんでした。それどころか、冬を越して頑張ろうと思っていた矢先、今度は腰椎分離症にもなってしまったんです。結局春も試合に出られず、この時ばかりは絶望感でいっぱいになりました。

辞めたいとまでは思いませんでしたが、さすがに親に電話をして相談しました。親からは「焦らないで。治るから」と励まされました。また、その時、監督やコーチは決して僕に失望したり、怪我をしたことを責めたりしませんでした。ただただ寄り添ってくださって、そのおかげでなんとか今も頑張ることができています。

監督もコーチも指導がとても丁寧で、新入生であっても放ったらかしにされず、細かく教えてもらえるのは本当にありがたいことです。環境にはとても恵まれていると思います。指導も大雑把なものではなく、いつも理にかなった教え方をしていただけています。「どうしてその必要があるのか」と僕たちも頭で理解しやすく、前向きに野球を学んでいけるようになっているんです。

監督は僕と同じピッチャー出身ですので、僕自身の意見も聞いてくださり、いつでも話しやすい存在です。自分の考えを押しつけるのではなく、ピッチングフォームなども、僕と一緒になって改善点を考えてくださる方です。

僕自身は、部員としては上級生の立場になりましたので、これまで先輩たちから優しくしてもらった分を、今、後輩たちに返していこうとしているところです。相談を受けることも増え、できるだけ真剣に耳を傾けて、アドバイスするように心がけています。

僕だけじゃなく、部員はみんな日本ウェルネス高校に入ってから、人として成長できているんじゃないかと思っています。とても良い雰囲気づくりをして、先輩が後輩を丁寧に面倒見るといった流れができており、それが今の自分にとっても居心地よく感じられています。

将来の夢は変わらずプロ野球選手ですが、卒業後は大学でもプレーしたいと考えており、系列校の日本ウェルネススポーツ大学への進学も視野に入れています。ただ、その前に、まずはしっかり自分の怪我を完治させて、エースとして日本ウェルネス高校で甲子園を目指して頑張りたいです。

eスポーツが出発点
出会えた仲間、
かけがえのない経験

齋藤《さいとう》 涼太《りょうた》さん（17歳）

ルネサンス高等学校
新宿代々木キャンパス２年生

「楽しめることがしたい」という思いでルネサンス高校eスポーツコースに入った齋藤涼太さん。時間に余裕を持ちながらeスポーツのスキルを磨きつつ、キャンパスでは友達・先輩・先生たちとの交流も楽しんでいると言います。eスポーツに真剣に取り組んだからこそ直面した厳しさもあり、様々なことに挑戦しながら将来の進む道を考えています。

楽しめることができる高校へ行きたい

「ゲーム」は高校探しの一つのきっかけだったと思います。高校を探し始めたのは、中3の10月頃でした。ずっと進路を決めなければいけないと思っていたんですけど、当時は行きたい高校もやりたいこともなかったので、なかなか先のことを考えることができませんでした。それでも本当に進路を決めなければいけない時期は来るので、急いで好きなゲームに関係する学校はないかと調べたんです。そして見つけたのがルネサンス高校でした。

高校に入ったらアルバイトなど好きなことをしたいと思っていたので、自由な時間が取れるルネサンス高校はいいと思いました。しかし、全日制高校に行ける学力は持っていたので、学校の先生や親からは「受験して全日制高校へ行くのでもいいのでは？」と言われました。その時は少し迷いましたが、やはりアルバイトをするには自由に使える時間が欲しいですし、何より勧められる高校は「行きたい」と思える理由がありませんでした。ただ、外に出る機会や友達と一緒に過ごす時間を持った方がいいというアドバイスには納得できたので、ルネサンス高校の通学コースに行くことに決めました。

eスポーツコースができると知ったのは、出願の直前でした。調べた時は大阪にしかeスポーツコースはなかったのですが、入学する年に新宿にもできるということで、案内が来ました。もともとルネサンス高校を見つけたのはゲームに関係する学校を調べていた時ですし、eスポーツをやりたいということは親も理解して勧めてくれたので、すぐにeスポーツコースに入ることを決めました。

自分のなかで「楽しめることをする」というのが一つの基準になっています。もちろん勉強などやらなければいけないこともありますが、それ以外のことで楽しめないことをするのは価値が見いだせなくて。僕にとっては、楽しめることの一つがeスポーツでした。また、ルネサンス高校であれば自由な時間がたくさん取れるので、eスポーツ以外にもアルバイトやギターなど、とにかく自分の興味がわいたことに色々挑戦しています。

eスポーツを通じて学べたこと、出会えた仲間

入学してからは「LoL（リーグ・オブ・レジェンド）」「フォートナイト」など色々なゲームをプレーしています。コースのなかで用意されているゲームがいくつかあるので、大会にあわせて好きなゲームを選んでいきます。

eスポーツを通じて、物事を冷静に考えられるようになったと思います。僕は中学時代家にいる時は少し荒れたり、eスポーツを始めて間もない時は負けてしまうと落ち込むこともあって、自分で感情をコントロールするのが上手なほうではありませんでした。しかし、上手くなるには、とにかくプレー回数を重ねなければいけません。そして、何度もプレーをして、その度に落ち込んでいたら疲れちゃうんですよね。だから今は負けてしまった時は「次にいこうか」と切り替えて、勝った時も小さく喜びをかみしめるくらいで、あまり一つの勝ち負けにこだわらないようになりました。

そして、プレーをする時は、冷静を保ちながらチームの雰囲気を良くするように心がけています。チームを作る時はeスポーツコースの人たちで声をかけあって決めていきます。勝ち負けが決まるので実力も考慮しますが、話しかけやすいか、連携が取れるかというのも考えるポイントです。というのも、一人がどんなに強くても、チームで連携が取れなければ負けてしまうからです。そして誰かがミスをして落ち込んだりしてしまうと連携が乱れてしまうので、チームメイトがミスした時は「どんまい！

どんまい！」と声をかけるようにしています。スキルは練習すればある程度向上しますが、チームの雰囲気は悪いとずっと悪いままです。そのため、スキルがあることはもちろんですが、僕は自分のなかでチームの雰囲気を良くすることを大切にしています。

ルネサンス高校のeスポーツコースの良さは、友達や先輩・後輩、先生と交流ができることです。入学前はあまり友達ができるかどうか気にしていなかったのですが、入ってみると想像以上にみんながすぐに仲良くなれる雰囲気がありました。そして同じeスポーツコースのなかで親友と呼べる友達もできました。ほかにもキャンパスで顔を合わせた時に先輩や後輩とも自然と話すことができますし、先生たちも驚くぐらいフレンドリーです。みんな話題が面白いですし、僕も人と話をすることが好きなので、一緒に色々な話ができるのが本当に楽しいです。プレーできることも楽しいですが、友達・先輩・後輩・先生たちと交流できる環境があることが、入って良かったと心から思える部分です。

プロになる厳しさと将来への道

高校でeスポーツを本格的に始めて良かったことの一つは、プロになる厳しさを知れたことです。中学生の頃は憧れもあって純粋に「プロになりたい」と思っていたのですが、いざ大会に出てみると、全国・世界にはすごい人がたくさんいます。さらにプロの世界では実力はもちろん、配信するのであれば企画力・語学力などeスポーツ以外のスキルも求められます。もちろん楽しい部分もありますが、真剣に取り組むからこそわかった厳しさです。ただ、それを自分で経験してきちんと確認できたことは、良い経験になったと思っています。

そして、どんなにゲームが好きでも、時にはめんどくさくなったり、飽きてきたり、つらくなる時もあります。「このランクまでレベルを上げたい」と思ってプレーしていても、負け続ければ心も折れます。もともとは趣味でeスポーツをしていたのに、いつの間にか趣味ではなくやるべきことになって、時々苦痛に感じるんです。そのなかでここまで続けてこられたのは、eスポーツをやると決めたのは自分だからです。誰に強制されるわけでもなく、自分がやりたいと思って選んだ道なので、すべては自分の責任であると思っています。そして何より「強くなりたい」という思いがありました。「このプレーができるようになりたい」「このランク以上になりたい」と思ったら、やる気がない時でも結局プレーし続けなければいけません。自分が選んだ道で「もっと強くなりたい」というモチベーションがあったからこそ、つらい時があってもここまで続けてくることができたと思っています。

また、チームで一つのことを目指すという経験ができたのも本当に貴重でした。なかでも力を合わせて〝優勝〟を目指すという経験は簡単にできることではないと思います。eスポーツはチーム戦です。チームメイトと協力して、勝つという目標に真剣に取り組めたのは、eスポーツコースを選んだからこそだと思います。

これからはｅスポーツもしっかりやりつつ、もっと色々なことにも挑戦していきたいです。将来はｅスポーツ関係で進路を決めたいという思いもありますが、プロになる道が必ず用意されているわけではないので、違う道に進むことになった時にどうするのかきちんと考えておかなければいけないと思います。今は色々な経験をして、自分の可能性を見つけていきたいというのが率直な思いです。そのなかで一つとても楽しいと思えることがあります。それはルネ中等部で講師を務めていることです。興味があって先生に相談したところ、講師になることができました。もともと人に教えることも好きですし、自分の経験で培ってきたことを教えられるのが本当に楽しいです。ほかにもまだできることは沢山あると思うので、機会があれば色々なことに挑戦しながら、残りの高校生活を過ごしていきたいと思います。

「大学へ行く」と前を見るしかなかった学力だけでなく、自分自身も変われた

西舘《にしだて》 奏壱郎《そういちろう》 さん（17歳）

駿台甲府高等学校
四谷学習センター２年生

陸上を本格的に取り組みたいと全日制高校へ進学するも１年生の６月に故障。同じ時期に父を亡くしたことで精神的なバランスを崩しました。夏休みに参加した早稲田大学のオープンキャンパスで新たな目標が見つかり、駿台甲府高校に転校しました。現在は駿台のノウハウを活かした受験対策指導により、着実に学力を向上させています。

父の死、唯一打ち込めた陸上での怪我
何気なく足を運んだ大学見学が転機に

高校1年の秋に駿台甲府高校に転校しました。

中学からずっと陸上を続けていて、本格的に陸上をやるために、スポーツが盛んだった前の学校に入学したんです。ところが、1年の6月に怪我をしてしまいました。

実は、ちょうど同じ時期に父を亡くしました。急逝だったので気持ちの整理もつかず、そんな時、唯一打ち込める陸上で怪我をしてしまって、一気に心のバランスが崩れてしまったんですね。

学校はとりあえず通いましたが、授業を聞いても何も頭に入ってこない。友達に話しかけられてもほとんど反応できなくて、周囲とも壁を作っていました。

部活を休部し、自分の今後を考えました。もうスポーツでは頑張っていけないし、勉強にも身が入らない。その時はその日一日を過ごすことで精いっぱいでした。このままだと自分がどうにかなってしまいそうで、環境を変える必要があると考えたんです。

夏休みに入り、気晴らしに早稲田大学のオープンキャンパスに行きました。別に目指していたわけではないんですが、大学と言っても早稲田くらいしか思い当たらなくて、軽い気持ちで参加したんです。

ところが、行ってみたら衝撃を受けました。商学部の模擬授業でマーケティングを教わったんですが、普段何気なく目にするメニューにも、売り手のいろんな戦略が隠されているんだと聞いて、すごく興味を持ちました。そこで、大学って面白い、こんなに楽しい勉強の世界があるんだって初めて知ったんです。

また、学生もすごく輝いて見えました。みんな頭がいい人たちなのに、自由で楽しそうにいろんな活動をしている。そんな学生たちの姿が格好良く映って、一気に惹かれてしまいました。

夏休みが明けて、改めて高校生活に戻ると「もうここは自分の居場所じゃない」と思ってしまいました。友達もみんないい人たちでしたが、話していてもなんだか面白くない。陸上には少し未練がありましたが、その時はもう「大学だ」と、気持ちが先へ向かっていました。

無駄もなく質も高い、効率的な受験対策予備校に匹敵する充実した環境

最初は公立の全日制高校への転校を考えました。でも、転入時期のタイミングが合わなくて、いろいろ調べた結果、すぐ入学できるのが通信制高校だったんです。通信制ならほとんど登校せずに単位を取っていけるから、やるべきことを早く終わらせて、空いた時間を大学受験勉強に充てようと思って、通信制高校への転校を決めました。その後、母と一緒に横浜で開かれた通信制高校の合同相談会に参加しました。そこで、会場スタッフの方に「自分の目指す大学に行きたい」と伝えたところ、いくつか学校を紹介してもらい、そのなかに駿台甲府高校があったんです。

その場ですぐに駿台甲府高校の先生と相談ができました。大学受験が目的だったので、僕としては授業や先生との相性などが一番気になっていました。聞くと、大学受験向けの対面講座は駿台講師が教えてくれて、ほかにも駿台予備学校の映像講座もあると教えてもらいました。

カリキュラムも単位修得のための授業と受験対策の講座が明確に分かれていて、時間割も自分で組み立てられると聞きました。僕としては、全日制高校のように通常授業のなかで受験対策をされても効率が悪いと思っていたので、その点はすごく安心できました。また、時間に余裕が生まれる分、予習復習もできるし、お金の心配もあったのでアルバイトの時間を持てるのは大きかったです。

そこから1年の11月に転入をしました。入学して早々に大学の過去問を解いてみたんですが、全然わからなくて、そこで初めて現実を知りました。すぐに2年後の受験までの計画を立てて受験勉強を始めていったのですが、当初は自分なりの勉強スタイルがなかなか確立できなくて、入学してしばらくは、毎日学校に来て試行錯誤を繰り返しましたね。

そんな時、副校長先生から「切り替えも大事だから、リフレッシュのためにもアルバイトをしてみたら」と声をかけられました。最初は「何で？」と思いましたが、確かに毎日10時間以上勉強しても結果しんどくなるだけで、集中力も保てない。僕は自分の考えに固執するタイプだったので、社会と接点をもち、いろんな人の意見に耳を傾けるのも良いかもしれないと思えるようになりました。副校長先生も僕の性格や状況を見据えて言ってくださったんだなと思います。その後は週3でアルバイトを始めて、メリハリのある学校生活を送れるようになりました。

駿台甲府高校での受験勉強は、教室での対面講座と「駿台サテネット21」という映像講座で進めていきます。2つをどんなふうに使い分けていくかは生徒の自由です。僕は対面をベースにしながら、必要な単元をサテネットで補うかたちをとっていますが、サテネットだけで進めていく人もいます。種類も豊富で相性もあるので、そこは先生やスタッフの方と相談しながら決めていきます。先生方は個別に生徒の状況を把握しているので、今の自分に何が必要か、どんな進め方が良いかを細かくアドバイスしてくださいます。また、TAと呼ばれる大学生アシスタントもいます。難関大学在籍中の方で年齢も近く、高校の先生とは別の視点からアドバイスをもらえるので本当に貴重な存在です。

メンタル面のフォローも同じで、模試の結果に落ち込んだ時でも「元気出してよ」などと漠然としたことは言わず、例えば「今の西舘君はこういう状況で、ここに改善点がある」とか、建設的で、自分では気づかない部分を的確に言ってくださいます。

対面講座は、端的に言えば「一発で理解できる」。とにかくコンパクトでわかりやすいので、予習復習もあわせてしっかりやれば、1回の講座で十分理解できます。また、サテネットで進めていくと、おそらく全日制高校で2年かけてやる内容を3か月あれば終わらせられると思います。自分のペースでサクサク進めていけるのもありますが、構造自体がすごく簡素化されていて、無駄がないうえに質も高い。これだけ十分な環境がそろっているので、プラスで塾に通う必要も感じません。駿台の対面講座だけで十分な大学受験指導を受けられるので、すごくお得で効率も良いなと感じています。

自分の価値観を変えてもらえた通信制だからできる経験や出会いがある

単に学力だけでなく、自分の価値観も180度変えてもらったと思います。

駿台甲府高校には全日制高校では出会えないような様々な個性を持った生徒が通っています。今までの僕なら、自分とタイプが違うだけで距離を置いていたかもしれない。入学当時もまだ父のことでふさぎ込んでいて周囲と壁を作っていたのですが、ある先輩の一言で意識が変わりました。

その先輩は「もっといろんなことを客観視してみて、いろんな人の考えを聞いていくと、きっと物事が面白くなるし、価値観も広がっていくよ」と言ってくださいました。確かに、その先輩をよくよく見ると、いつも周りに人がいて、いつでも人に興味を持って話を聞いているんですね。そんなふうに自分もなりたいと、先輩の意見を参考にするようになったら、以前よりはいろんな視点で物事を考えられるようになり、僕自身の気持ちも楽になっていきました。

自信をもって言えるのは、駿台甲府高校に来たことで、僕は自分にプラスになる経験や出会いができているということです。本当に環境を変えて良かったなと思います。

受験については、私立文系に絞って本腰を入れ始めたところで、力もついてきて少しずつ自信をもてるようになってきました。

今年から併設のサポート校で、新しい学習ツールのＡＩ教材「ａｔａｍａ＋」やオンライン質問アプリ「ｍａｎａｂｏ」の利用が可能になると説明を受けました。僕は今ちょうど自分に合った勉強スタイルが固まりつつあるところですが、これからも駿台甲府高校の受験対策をフル活用して、目標の大学への合格に向かって突き進みたいと思います。

「積極的な自分」に変われた海外留学 計画的に進めて高校卒業と両立

高部《たかべ》 凛《りん》 さん（18歳）

代々木グローバル高等学院
3年生

中学3年時の不登校をきっかけに短期留学を経験。高校でも本格的な留学をしたいと代々木グローバル高等学院へ入学。4月の高校入学を待たずに、中3の1月には、先行してカナダでの留学をスタートさせ、以後、3年間で4地域での留学を経験しました。3年時はコロナ禍の影響で帰国となりましたが、指定校推薦により大学進学を決めています。

高校入学を待たずに留学スタート 計画的な単位修得で留学に集中

中学生の時に人間関係で上手くいかないことがあり、学校に通わなくなりました。フリースクールを利用したりしていたのですが、それ以外でやることもなく、そんな私を見た家族が「海外にでも行ってみたら」と留学を勧めてきたんです。もともと英語に興味はありましたが、留学までは考えたことはなく、最初はあまり乗り気ではありませんでした。でも、2週間だけニュージーランドへ行ってみたら、それがすごくいい経験になったんです。初めて日本との文化の違いを感じて、「また留学してみたい」と思いました。

高校進学は最初から通信制高校を考えていました。留学をサポートしてくれる学校を探して、いくつか資料を取り寄せたなかで、本格的な長期留学ができる学校が代々木グローバル高等学院（以下、グローバル）でした。高校への入学は４月ですが、実はグローバルの先生の勧めで、高校入学よりも早く留学をスタートさせたんです。中学３年生の後半はほとんど学校に通っていなかったので、私も「暇をするくらいなら」と、中学３年の１月にはカナダのサレーへ渡りました。

そこから３年間の間に、４地域で留学を経験しました。最初の６か月間をカナダのサレーで過ごし、その後、一時帰国をしてから、半年間カナダのバンクーバーへ行きました。次の１か月をアメリカのフィラデルフィアで過ごし、また一度帰国を挟んでから、最後にカナダのビクトリアで８か月間過ごしました。

留学の仕方は、生徒の目的や事情に応じて変わります。私の場合は、留学中は現地で語学の勉強に集中し、帰国した際に高校の勉強をまとめて進めました。

高校の登校日数は年に１回、４日間の集中スクーリングに参加するだけで済みます。レポートは留学先でも進めていましたが、帰国時に集中して仕上げていったり、グローバルの先生方にも教えてもらいながら間に合うことができました。単位修得は自分で計画的に進めていったので、なるべく早く高校で必要な勉強を終わらせるように意識していましたね。

それでも帰国中は時間に余裕がありましたから、次の留学に備えて英語力をアップさせたり、ほかの科目で遅れていた勉強を取り戻す時間に充てました。グローバルで教えてもらう時もありましたが、実は週3回くらい、父の職場で、同僚の方に教えてもらうこともあったんです。

実際にやってみて、通信制高校だからこうした両立が可能なんだなと実感しました。おかげで、留学中は余計な心配をせずに語学だけに集中することができたと思います。

日本人とは違う国民性
新しい人間関係からスタートできた

最初に留学したサレーでは、ホームシックもなく、語学学校にもすぐに馴染めました。まだ日常会話を聞きとれる程度でしたので、最初の頃は、ホームステイ先でも予習復習をしたり、海外の映画をたくさん観るようにしていましたね。

この留学をきっかけに「自分を変えたい」と思っていたので、友達やホストファミリーとも積極的に会話するように心がけていました。たまにホストファミリーが親戚を集めてパーティーを開くこともあったのですが、そうした場面でも自分から話しかけて友達を増やしていきました。アクセントの問題でなかなか伝わらない時もありましたが、現地の人たちは私の言葉を上手にくみ取ってくれたり、優しく接してくれるので、留学がつらくなることもなかったです。

語学学校に日本人はほとんどいなくて、中国やアジア圏の人が多かったです。みんな、日本人と違って自己主張がはっきりしているので、お互い言いたいことを言い合える関係が、すごく自分に合っていたと思います。それから、みんな日本での私を知らないので、新しい人間関係からスタートできました。日本の中学ではつらい経験もしましたが、留学先ではどこへ行っても、みんなとすぐに打ち解けることができ、人間関係で悩むことはありませんでした。

特にサレーとバンクーバーでは、中国人の友達の家でご飯を食べたり、一緒にスケートに行ったりと毎日が楽しかったですね。一緒に中国のお笑い動画を観たりして、意味はわからなかったけど、英語とは関係なく、そんなふうに一緒に楽しめる仲間と出会えたことは良かったなと思います。

現地にはグローバルの先生方もいて、私は特に勉強面でわからないことがあった時に教えてもらっていました。ただ、一つだけ悩みを相談したことがあります。実はホストファミリーのご飯が美味しくなかったんですよ。国の料理が合わなかったわけではなく、単純にホストファミリーの好む味付けが自分に合わなかった。せっかく作ってくれたので残すわけにもいかず、体調を崩すほどではなかったので、毎日頑張って食べていました。

もっと人と話したい…。帰国後の変化

高校2年の9月から、カナダのビクトリアにある現地の高校に入学しました。本当は1年生の9月に入学予定でしたが、当時はまだ語学力も足らず、そもそも中学時代のブランクから、ほかの教科の基礎学力も追いついていない状態でした。例え英語がわかっても勉強が追いつかない状況なので、グローバルの先生方と相談をして、もう少し準備をしてからにしようとアドバイスをいただいたんです。その時、グローバルの先生が現地まで日本の中学校の教科書を買って持ってきてくれたりもしましたね。

1年後、実際に現地の高校に入学してみると、当然、語学学校と違って留学生へのサポートも少なく、授業についていくのが大変でした。余裕をもって1年間準備をしたのは正解でしたね。

ただ、本当なら1年間在学する予定だったのですが、新型コロナウイルスの影響で、3年生の春に仕方なく途中で帰国することになりました。その後も別の国で留学予定があったのですが、それも中止となってしまいました。

結局、3年生は日本で過ごすことになりましたが、そこから次の進路を考えていきました。そこで、グローバルの先生と相談をして、高校の指定校推薦を利用して国士舘大学に進むことにしました。海外の大学は考えませんでしたが、語学の勉強は継続していきたいと思い、21世紀アジア学部への入学

を決めました。在学中の留学制度もありますが、それ以外に、この学部ではアジア圏の文化なども学べるので、さらに自分の世界が広がっていくと期待しています。

将来の目標は、まだ決まっていませんが、英語を活かせる仕事をしたいと思っています。留学前は、語学に興味はあっても仕事にしたいとまでは考えていませんでした。でも、仕事にできると思えるまでになれたのは、やはり留学を経験して自分に自信がついたからだと思います。

留学はいろんな人と関わることができ、他国の文化にも触れられて本当にいい経験ができると思います。1、2か月の短期留学は、アクティビティーで楽しんだり、異文化を知ったりするのにはいいですが、しっかり語学を身につけたいのであれば長期留学が必要だと思います。私の場合、2回目に行ったバンクーバーの頃から少しずつ自分の語学力が向上していくのを実感しました。

留学で一番自分が変われたのは、積極的になれたことです。もともと自分から人に話しかけられるタイプではなかったのですが、帰国する度に、もっと人に話しかけてみたいなと思う機会が増えていきました。現地で新しい人間関係が築けたことが自信につながったのだと思います。

また、家族や周囲を頼らずに、自分から新しいことを見つけたり、取り組んだりできるようにもなりました。アルバイトを始めたのですが、最初の頃は父の職場でお手伝いしていました。でも、3年生になってからは、自分からアルバイト先を見つけて、父のいないところでもしっかり働けるようになっています。

好きなことにとことん取り組める環境で、自信が持てるように

高橋《たかはし》　秀明《ひであき》　さん（18歳）

KTCおおぞら高等学院（屋久島おおぞら高等学校）東京秋葉原キャンパス3年生

KTCおおぞら高等学院では、好きなプログラミングを学びながら自由に過ごせる時間もあり、充実した生活を送ったと話す高橋さん。中学時代は不登校を経験したと言いますが、自分の理想を叶えられる環境のなかで、自分らしさを取り戻していきました。様々な経験から得た自信は、将来の夢にもつながっています。

楽しい授業と自由な時間、両方が叶った

もともとパソコンが好きだったこともあり、進学先にはプログラミングコースのある学校を選びました。それまでプログラミングをしたことはなかったのですが、面白そうだという直感を信じて学校を探し、そのなかで見つけたのがKTCおおぞら高等学院でした。

KTCおおぞら高等学院では、午後に好きなことができる自由な時間が取れました。プログラミングコースの授業は午前中に終わるので、午後はのんびりしたり、ゲームをしたりと自由にスケジュールを組んで過ごしていました。ほかにも、学校近くの秋葉原でショップ巡りをしたりもしていました。

私にとって午後の自由な時間があることが、日々を過ごすモチベーションになっていたと思います。

また、学校の授業で好きなことを学びつつ自由な時間もあったので、新しいことを体験する意欲も出てきました。例えば年1回のスクーリングで行く屋久島（鹿児島県）では、2年連続山登りをして、白谷雲水峡にも行きました。そのような今までにない体験を楽しめたのも、余裕をもって日々の生活が送れたからだと思います。授業が面白いのはもちろん、キャンパスも気軽に行ける雰囲気で通いやすく、自分の時間もしっかり取れたKTCおおぞら高等学院での生活はとても楽しかったです。

自信を回復させてくれたのは〝好きなことをする時間〟

KTCおおぞら高等学院では楽しく過ごすことができましたが、実を言うと中学時代は不登校でした。通っていた中学は、勉強に力を入れていて、そのなかで苦手な勉強を頑張りすぎてしまったことが原因です。その頃は毎日授業や部活が終わってから家に帰ると18時頃になっていて、そこから宿題をすると寝る時間になってしまい、好きなことをできる時間がほとんどありませんでした。それでも学校の勉強を頑張っていましたが、中1の夏休み以降は学校に行かなくなりました。

不登校になった後はずっと家で過ごしていました。進路決定時期になっても、勉強への苦手意識から高校へ進学する意欲も起きず、両親からは進学しないのならば就職をするように言われていました。そこで、インターネットで調べてみると、中卒で働いている人は労働時間が長く、お給料も低いという社会の実情を知りました。そして、もしこのまま就職したら、私の趣味であるパソコンやゲームはお金がかかるものなので、趣味を続けられなくなってしまうと感じました。自分なりに色々調べて「好きなことをしていくためにも高校に進学して高校卒業資格を取りたい」と考えたことが、学校を探し始めたきっかけでした。

そして、不登校の時に自分なりに色々と考えた経験から、好きなことをするために、苦手なこともしなければいけない時があると思うようになりました。しかし、苦手なことには変わりないので、ある一つの戦略を考えました。それは軍隊で用いる、戦艦の装甲で重要な部分は守るけれど、それ以外の場所を極力減らすことで重量と速力を維持するというオールオアナッシングという考え方が基になっています。その考えを基にして、自分のなかで「楽しいこと」「やりたくないけれど必要なこと」「絶対にやりたくないこと」という3つのカテゴリーを作りました。「やりたいこと」は趣味や楽しいことですが、「やりたくないけれど必要なこと」と「絶対にやりたくないこと」は勉強です。オールオアナッシングを応用すると、好きなことができる時間は守りつつ、必要だけどやりたくはない勉強は極力減らすことができる環境が必要だと思いました。そのスタイルを実現できたのがKTCおおぞら高等学院だったのだと思います。

学校を探している時は高校卒業資格を得ることだけを考えていましたが、入学してみるとプログラミングの授業もとても楽しかったです。幼い時からロボットやプラモデル作りのようなモノづくりが好きで、プログラミングもモノづくりに似ていたので、自分の理想を形にする過程を授業のなかで楽しむことができました。

また、自由な時間のなかで趣味を深め、得られた知識を学校での活動に活かすこともできました。もともと銃やサバイバルゲームが好きで軍事関係のことについて色々調べていたのですが、午後の自由な時間を使ってさらに探求し、兵器の運用方法や組織についてもより詳しくなりました。その知識を活かせたのが２年生の時に出場した「ＫＴＣおおぞら杯」です。私はプログラミング部門に出場しました。競技はタイムを競うものだったので、無駄な部分を省いて安定した好タイムを出せることが大切だと思い、兵器のプロセスをロボットに取り入れました。その戦略が見事に上手くいき、結果優勝することができました。

学校で好きなプログラミングを学び、自由に過ごせる時間もしっかり確保できていたことで、だんだんと自信を回復していったように思います。取材を受けたり、大勢の前で話すということも、ＫＴＣおおぞら高等学院に入って変われたからできたことです。昔から引っ込み思案で、人前で何か話すことが苦手でしたが、先生に勧められて好きなことに関して学校のみんなの前で授業をする機会をもらったり、学校説明会などで生徒代表として話す回数を重ねていくうちに、いつの間にか人前でも話せるようになっていました。自分の趣味に関して話せることが楽しかったのもありますが、自分に自信が持てるようになったからこそ、その機会を活かすことができたのだと思います。

進学したからこそ、見つけられた将来の夢

自分の好きなことができる時間があったことで、新しい趣味も開拓していきました。そのなかでも3DCGモデリングには熱心に取り組みました。CGはこれから絶対に成長していく分野ですし、3Dモデリングは様々なことに応用が利きます。一度学べばまた別のことを始める時に活かせるので、進学先では3DCGモデリングを専攻にしたいと思いました。

高校卒業後は専門職大学へ進学します。将来を考え、大学に行くのか、専門学校に行くのかを悩んだ時に、できれば就職に有利な大学に行きたいという思いがありました。しかし、3DCGモデリングは大学で学ぶと専門分野から外れてしまうので、専門学校へ行くことを検討していました。そんな時にタイミングよく見つけたのが専門職大学です。最新の設備と実践的な学習があり、専門分野を学びながらも大学卒業資格を得られるうえ、何より面白そうだということが決め手になりました。

KTCおおぞら高等学院で自信を回復できた経験は大学の入試にも役立ちました。私が大学受験で

選んだのは、3年間学校で学んだプログラミングを武器にできる総合型選抜（旧AO入試）です。勉強が苦手だということもあり、学力を武器に戦う一般受験ではほかの受験生に負けてしまうと思い、大会優勝などの実績があるプログラミングで戦うことを考えました。また、みんなの前で授業をしたり、プログラミングコースの説明会や保護者会で話をする経験があったことで、緊張せずに面接試験を受けられました。受験に合格できたのも、KTCおおぞら高等学院で様々な経験をして、自信をもって挑めたからだと思います。

そして、専門職大学へ進学を決めたことで、新しい目標も見つかりました。将来は、ゲームや動画を通して3DCGモデリングの面白さを届けられる人になりたいです。自分が作った3DCGモデルの銃を、見た人がリアルだなと思ってくれたらいいなと思います。

KTCおおぞら高等学院に行っていなかったら、高卒資格を得た先にある夢は見つけられなかったと思います。自由に過ごせる時間ができたことで、自分の趣味を深め、新しいことにも挑戦し、そのなかで本当に面白いと思えるものに出会えたことがこれからの道にもつながっています。3DCG制作もその一つです。理想だけでは生きられないけど、理想の生活に近づけることはできます。それが趣味や自分の好きなことをすることなのだと思います。たくさん迷った私から伝えたいのは、「必要なことは最低限の合格ラインを保てばいい。そのうえで楽しめることを思いきりしてみよう」ということです。そうすることで自分らしい生き方というのが見つかるのだと思います。

温かな環境を作ってくれた先生たち一人ひとりとのストーリーがある

根木《ねき》司《つかさ》さん（17歳）

八洲学園高等学校
池袋キャンパス２年生

小学校時代にいじめを受け、中学校では心機一転頑張ろうとしていた根木さんは、ある事情から学校に対するトラウマを持つように。つらい思いを抱えたまま登校する根木さんを引き留めた母親が見つけてきたのは、フリースクール「八洲学園 中等部」。そこで、温かく迎えてくれた先生たちのもと、人生が変わったと語るほど成長することができました。

「学校に行かなくていい」理解を示してくれた家族

小学校6年生の時いじめやクラス全員から無視されたことがあります。母が気づいて先生に相談後、保健室登校に切り替えました。原因もわからずつらかったですが、他人の気持ちを考えるうえで、いい経験になったという思いが強かったです。

いじめのことは次第に気にならなくなり、人も環境も変わる中学校で心機一転頑張ろうと卒業しました。

ただ、中学では苦手だった算数が数学になってより難しくなり、壁にぶつかりました。授業中に僕が質問するところは、みんなは当然のように進んでいて…、ある時クラスメイトに「お前のために授業の時間使えないんだよ」と言われました。それを受けて先生もどんどん進めるようになったんです。ほかの教科でもテストで僕が一番低い点数を取った時に「次一番低い点数を取った生徒は名前を出す」と言われて、脅迫のように感じて泣いてしまいました。

できない自分も悪かったのですが、当時は先生という存在に幻滅しました。

加えて、朝早くから放課後までの学校の時間に耐えられなかったんです。勉強のこともあり、メンタルが強いタイプではなかったため、軽いうつ状態になりました。

恥ずかしさとプライドから母に話すことはできず、でも、どこかで伝えたい気持ちと葛藤していました。飛び降りを考えるくらいつらい時もあり、そんな状態で登校しようとしたある日、母が様子のおかしい僕に気づいて「そんなにつらいなら学校に行かなくていいよ」と止めてくれたんです。

それから母が八洲学園の中等部を見つけてくれて、自身が弱いことを知っていたからこそ、フリースクールに通ってもいいんじゃないかと思ったんです。

当時は学校自体にトラウマがあったので、フリースクールに対しても不安はありました。でも、いざ体験入学に参加してみると、クラスは和気あいあいとした雰囲気で、先生たちはみんな温かく迎えてくれて、すぐに「ここがいい!」となり、中1の7月から通い始めました。電車通学となりましたが、年の離れた姉兄の影響から社会経験を少しでも積みたいと考えていたので、ちょうど良かったんです。家族、特に母と姉とは仲が良く、3人で出かけることもあります。母から僕のことで相談を受けた姉も「学校行かなくてもいいんじゃないか」と言っていたようです。年を重ねるごとに、とても理解のある家族なんだと気づくようになりました。

学校に対するトラウマを克服、高校にも進学

中等部は週3日、病欠以外は必ず登校していました。

学校自体は9時からですが、満員電車と重なるのがしんどかったので、お昼から登校。1時限目から来なくてもいいと先生が言ってくれ、自分のペースで登校できたのでストレスなく通えました。授業もただ机に向かうだけではなく、トランプを交えたりしながら楽しく勉強することができました。授業自体が強制ではなく、宿題もできる範囲で大丈夫とのことだったので、追われることなくのびのび勉強できたのだと思います。

中学1~3年生がいて学年関係なく関わるのですが、先輩の圧などもなく、自由でありながらも親しき仲にも礼儀ありという感じで、仲の良い子ばかりでした。普通の学校だと部活以外で先輩後輩と

関わる機会はないですし、様々な事情や性格の子が集まっていたので、人間関係についても学べました。中等部から今もずっと仲の良い友達も作れました。

また、小6から続けているキックボクシングも、中学校なら放課後や部活後の夕方からのところ、フリースクールなら午後の早い時間から練習に行けたので、やりたいことにも打ち込めたのは魅力的でした。

八洲に通うようになって学校に対する嫌悪感は払しょくされましたが、在籍していた中学校には、中一から最後までクラスには行きませんでした。

ただ、3年の時の担任の先生がとても良い方で、よく気にかけてくれましたし、理解も示してくれました。校長先生と一緒に中等部の発表を見に来てくれたこともあって、悪い人ばかりじゃなかったんだと気持ちが晴れました。卒業式も不参加でしたが、校長室で卒業証書をもらい悔いなく中学を卒業できました。

高校進学は八洲以外には考えていませんでした。もとから母に「通信制高校のほうがいいんじゃないか」とも言われていたので、そのまま八洲学園高校に進みました。

高校では週3日通学するマイスタイルクラスに所属しています。高校に進学したから何かが変わったということはないですが、勉強面についてはこれまでよりも成長したと感じています。先生たちが本当に一人ひとりに合わせて、じっくりと教えてくださるので、数学は今だに苦手ですが、ほかの教科は自分で学ぶことに楽しさを見いだせるようになりました。

放課後や学校のない日は基本的にジムにいます。なかなか体重が増えず選手としてはずっと試合に出てなくて、中2の頃からトレーナーをしています。自分は人のサポートや教えることが好きで、中学生からトレーナーをやらせてもらえることは滅多にないことなので、運が良かったと思います。いくつかジムを転々としていくなかで、多くの人の技術を見て覚えて、自分も人一倍練習してきたので、これまでの経験を教えることができ、天職だと感じています。今のバイト先のジムから就職の話もいただいていて、高校卒業後はそのまま仕事に就くつもりです。

自身の成長・変化の機会をくれた感謝を

中ーから5年間八洲学園に身を置いていますが、この生徒や先生が嫌だとか、なにか嫌な思いをしたとかは一度もなく、本当に温かな場所だと思います。

そして、その環境を提供してくれているのは先生たちで、みんないい人ばかりなんです。フレンドリーな方が多く、キャンパス異動された先生も行事の際に声をかけに来てくれることもあります。社会に出てからも人との関わりは絶対あるので、生徒と先生のコミュニケーションが学校のなかでも大事なものだと思っています。先生たちから率先的に話しかけてくれる八洲は、そうした面も成長できる本当にいい環境です。本当に一人ひとりの先生とストーリーがあって、一番と言える思い出も選べないというのが素直な気持ちですね。

八洲に入って、人として成長できたと一番に思います。自分と向き合うこと、人を見て自分も変わらないといけないと思うことも増えました。自分でも変わったと感じますし、実際トレーナーの仕事にも活かせています。

自分を変えるには勇気も必要で、なかなか自分の芯を曲げられない人もいると思いますが、今の自分にプラスアルファできれば、人生は180度変わるんじゃないでしょうか。僕は様々なことを学んで、自身を変えられたので、その環境を作ってくれていた八洲には感謝しかありません。

いじめや不登校などマイナスなこともありましたが、親の力を借りて八洲に出会い、壁を乗り越えてレベルアップした自分がいます。大人になっても壁にぶつかるでしょうが、その度に乗り越えていって自分をどんどん高めていきます。

止まっていた時間の歯車を、もう一度回してくれた前向きな自分を取り戻せた場所

田中《たなか》啓太《けいた》さん（18歳）

学研のサポート校WILL学園
さいたまキャンパス（翔洋学園高等学校）3年生

中3の時、学校に行けなくなってしまった田中さん。WILL学園の訪問支援を活用し、入学前に同校の家庭教師と出会い、「先生が無理強いせず、自分の気持ちを尊重してくれた」ことが大きな転換点になったと言います。もともと話すことが好きで、前向きな性格だという田中さんが、「本来の自分を取り戻せた」と語ります。

部活での挫折と友人関係の変化

中学3年生の7月頃から、学校に行けなくなりました。きっかけはいくつかあって、僕はテニス部に所属していたのですが、大会当日に熱を出してしまい、ダブルスの相手メンバーに迷惑をかけてしまったという罪悪感があったんです。あと、部内ですごく仲の良かった友人が急に自分を避けるようになって、結構心にきてしまい、嫌なことが重なった感じでした。そこから10月くらいまでの3～4か月の間は、ずっと家にいました。

家にいる間はゲームをしたり、アニメを見たりして過ごし、それがリラックスできる時間でした。

中学の先生はよく家に来てくれましたが、「とりあえず学校に来い」という感じで、形式上と言うか、仕事上対応しているという印象でした。こっちの気持ちを全然考えず、無理やり学校に行かせようとしている感じがして、もう少し気を遣ってほしかったなと思います。

僕が学校に行っていなかった期間、お母さんは学校のカウンセリング室に行って先生と色々話してくれていたみたいです。お父さんは、この先の選択肢として、通信制高校のサポート校を何校か調べてくれました。「自分の人生だから、ここから自分の好きなように選んで」と優しく言ってくれたのがありがたかったです。

進学率の高い学校のサポート校と迷ったのですが、学校に行けていない現状から進学校を目指すより、社会復帰を応援してくれそうなＷＩＬＬ学園が自分には適しているのかなと思いました。あとは、自分も昔から知っている「学研」が経営しているという点も大きく、選択しました。

勉強以外のフォローもしてくれた家庭教師の先生

ＷＩＬＬ学園は通学型コースのほか、訪問支援も行っているということで、入学前にまず家庭教師の先生に来てもらうことになりました。最初は、会いたくないという気持ちが強かったのですが、最初に来てくれた先生が会わずに手紙を残してくれたんです。無理強いせず、自分の気持ちを尊重してくれたのが嬉しくて、それから週1～2回来てもらうことになりました。

先生とは、大体一日4～5時間、一緒に過ごしました。学校の勉強範囲を全くやっていなかったので、学校のプリントを解いたりしながら勉強を進めました。勉強以外にも、「ちょっと外に出たほうがいいよ」ということで、一緒に散歩をしておしゃべりをしました。外を歩くだけで終わった日もありましたね。もともと人と話すことは好きだったのですが、学校に行かなかった期間は家族くらいしか話す人がいなかったので、先生に街を紹介したり、話を聞いてもらったり…、自分を見つめ直すという点でも、良い時間になりました。

ＷＩＬＬ学園の先生は自分の気持ちを尊重してくれて、話をしっかり聞いてくれます。勉強面では、苦手なところ、得意なところを丁寧に見てくれるんです。僕は特に英語が苦手だったんですけど、丁寧に教えてもらえてわかるようになってきて、楽しくなってきました。自分一人だけで勉強していると、わからないことが出てきた時に「自分はだめなのかな」と気分がマイナスになってしまうんですけど、そういう時にもすぐに助け船を出してくれる先生の存在は大きいですね。それに、メンタルや社会復帰のサポートをしてくれるのも、さすがプロだな、と安心感がありました。

そんななか、12月頃に先生から「キャンパスでクリスマス会があるから行ってみないか」と誘われたんです。最初は「通信制高校」って、ちょっと怖い人がいそうというか、印象が悪いイメージがありました。でも、実際に行ってみると、自分と似たような経験をしている人が多く、みんな優しく接してくれて、「ここだったら通ってもいいな」と思えました。そこからは週１～２回、午後からだったり、行けそうな日は午前中から、といった感じで通うようになりました。

「学校らしくない」ところが良い

今は、週４日通っています。学校が通いやすく、勉強にも集中できる環境だったので通学ペースを増やしました。基本的に１時間目は自習で、あとは先生一人・生徒複数人で授業する時もあれば、グループでディベートをやったり、新聞記事を自分たちで要約して、それを人前で発表したり…、社会に出ても通用しそうなことをやっています。最初は人前で発表とかは苦手でしたけど、毎週やるうちに結構慣れてきました。

少人数制ということもあり、先生と生徒の距離が近く、個別学習の時間もあります。わからないことをすぐに聞けるのは、少人数ならではですね。それに少人数だと、みんなの輪の中に入りやすくて、大人数のようにクラス内で仲良いグループで分かれる…みたいなことがないんです。スクーリングとは別に、毎年合宿があって、全員で山梨県の忍野八海に行きました。ＢＢＱをしたり、ハングライダーで飛んだり、ボール遊びをしたり…、夜にはみんなで雑魚寝みたいになって、遅くまで起きてて映画を見たり、みんなで同じ時間・空間を楽しめたことが、一番印象に残っています。

ＷＩＬＬ学園には中等部もあり、高校３年生から中学１年生までが一緒にいることも多いです。下の学年をまとめる大変さはありましたけど、その分幅広く友達ができました。自分の世代では知らない話題を知れるのは楽しいし、普通の学校ではなかなか味わえないのかなと思います。

今は生徒会役員をやっていて、イベントの企画など、生徒会を中心に生徒主導で考えています。そこでもあまり上下関係は感じないですね。みんなで意見を出し合って、計画していこうという感じです。自分たちでＢＢＱを計画した時、材料を買い出しに行ったりして、みんなで同じことに取り組むのは楽しかったです。

学校は、通うことに意味があると思っています。今年はコロナの影響もあって、あまり学校へ通えなかったのですが、大学でも今はオンラインで授業をやっていて、生徒は画面越しに先生しか見えない、同じ学年の人の顔も知らない状態だというのを聞きました。やっぱり同学年の人のことは知っておきたいし、仲良くなりたいんです。今の情勢だと、それが叶わないように感じます。それもあって、今年は大学には進学せず、ＷＩＬＬ学園に残ろうと思っています。先生たちも自分のことをよく把握してくれていますし、予備校コースで勉強しつつ、自分に合った進路をもう少し考えていきたいです。

両親もＷＩＬＬ学園のことを信頼してくれているので、僕の選択を尊重してくれました。

とにかく一歩を踏み出すことが大切

ＷＩＬＬ学園に出会わなかったら、たぶんまだ家の中で、本当に何もしていない気がします。前の学校に通えていた時は結構前向きで、自分から行動してみよう、というタイプでした。学校に行けなくなってからはマイナス思考になって、「自分は何をやってもだめだ」と感じるようになってしまったんです。それが一度訪問支援を経て学校に通い始めたことで、また前みたいに前向きな自分に戻れたように感じます。

この学校は、僕を学校生活に引き戻してくれました。自分のなかで止まっていた時間の歯車を、また回してくれたような存在です。最初は勇気がいりますし、何もやりたくなくて、自分から行動とかできないかもしれないですけど、まずはやってみないと始まらない。自分もそうだったのですが、やってみたら想像と違ったりもするので、選択肢を出してもらった時、それを投げ出さずに一歩踏み出してみることって大事なのかなと思います。実際、僕は一歩踏み出した結果、良い先生や学校に出会えて、徐々に社会復帰できるようになってきたと感じています。

好きなことを優先できる環境だから体も気持ちも楽になった

和山《わやま》菜々美《ななみ》さん（16歳）

飛鳥未来高等学校　池袋キャンパス
スタンダードスタイル（美容師免許取得コース）2年生

中学時代に起立性調節障害を発症。将来の夢は美容師で、自由に登校しながら美容師免許取得を目指せる飛鳥未来高校への入学を決意。入学後は授業を午後に設定するなど、体の状態に合わせて柔軟な登校を実現。体調を回復させるとともに、美容やメイクの勉強にも本格的に取り組み、行事やクラス活動も充実した日々を過ごしています。

体の状態考えたら無理もできない
でも好きな勉強なら続けられる

中学生の時に起立性調節障害（OD）になりました。ひどい時は30分くらい起き上がれず、午後になると血圧が正常に戻り活動もできるのですが、午前中はほとんど何もできない状態。学校に行けても授業を受けられるのは、午後の2、3時間程度でした。

高校はずっと全日制高校を考えていました。通信制は自分のペースで通えて楽なイメージもあったのですが、行事も少なくて学校生活が楽しめないと思っていたのです。よく、高校の友達がその後の人生で長い関係を築けると聞いていたので、友達がたくさんできる環境がいいなとも思っていました。ただ、体の状態を考えると、心のどこかで不安もありました。

そんな時、学校で通信制高校のパンフレットが配られ、その中の美容師免許が取れると書いてあった飛鳥未来高校に目が止まったのです。中学の職業体験がきっかけで、将来は美容の仕事に就きたいと思っていました。高校で国家資格も取れて、卒業後すぐに美容業界で就職できたら、ほかの人よりも早くやりたいことを進められるのではないか。飛鳥未来のことを知った瞬間、もうそのことで頭がいっぱいになりました。

体の状態を考えても無理はできない。でも、好きな勉強なら続けられるかもしれない。それなら、どこの高校へ行くかよりも、自分のやりたい勉強を優先させようと思いました。飛鳥未来のほかにも美容を学べる通信制高校がありましたが、あまり本格的ではなかったのと、その学校では、どちらかというとアニメなど別分野が人気でした。飛鳥未来なら国家資格も取れるし、コースとは別にメイクの授業もあって、きっと友達も自分と似たようなタイプが多いのではないかと感じました。そうしたら相性もいいし、共感できる機会が多くなるだろうなと思ったのです。

母は最初、躊躇していました。「そんなに急がなくても、高校出てから専門学校に行けば？」という感じです。だけど、小さい時から一度決めたら揺るがない私の性格も理解していたので、最終的には私を信じてくれました。でも、一番大きかったのは、もともと美容師だった祖母の一押しでしたね。

中学3年の秋には飛鳥未来に行くと決めて、そこからは中学生が参加できる「みらいの教室」に参加していました。そこでは入学前から友達を作れて、高校生活を事前にイメージできて良かったです。

美容師のことも知らなければと思い、姉妹校の東京ビューティー専門学校の説明会にも何度か参加しました。本当は高校3年生を対象にした説明会なのですが、専門学校の先生が「今度、カットとパーマの体験があるから来ちゃいなよ」って誘ってくれたんですね。参加してみたら、授業も楽しそうで先生も優しく、これなら私もやっていけるって安心できました。

中学生が専門学校の授業を体験してしまったら、もう魅力しか残りません。それからは気持ちも揺らぐことなく、「やっぱり全日制高校じゃなくて通信制高校だな」って改めて思うこともできました。

午後に集中して授業を受けたり、体の調子が良い時にたくさん登校

私が選んだ「スタンダードスタイル」という通学スタイルは、自由に通学しながら、ちゃんとクラスもあり、行事にも参加できるから、友達関係や学校生活もすごく充実していました。クラス活動も楽しかったし、行事も多く、特に体育祭はキャンパス対抗で開催されて、規模も大きかったので一番

思い出に残っています。みんなでダンスを創り上げるパフォーマンスにも参加しました。

授業は決められた時間割から、自分が参加する授業を自由に組み立てていきます。通う日数は自由でも、登校日は朝が早かったりする学校もあるのですが、飛鳥未来は時間も選べるのと、午前中でも10時から授業が開始になるので、余裕をもてました。

実際、授業を午後に集中させたり、朝起きて調子が良かったら午前中から登校してみる、疲れてしまったら午後は帰るとか、その時々の状態に合わせて色々な通い方ができました。「絶対行かなきゃ」というプレッシャーもなかったので、体も気持ちもすごく楽になりましたね。

美容師免許取得コースは、1、2年次は高校の単位修得をメインに、少しずつ姉妹校の東京ビューティー専門学校で勉強を進め、高校の単位が少なくなった3年生から本格的に学んでいく流れです。ダブルスクールで大変ではありますが、美容は自分の好きな勉強だから全然苦になりません。高校の単位も1年生の時は少なめ、2年生から多く履修するという形で、自分の体の様子を見ながら調節することができました。

それとプラスして、私は「メイクライセンスコース」にも入っています。その授業が週2回あって、ほかに週1回のホームルームがある。その3つは固定なので、前後に必要な授業を入れたりして調整しています。色々詰まって見えますが、それでも登校は週3日程度が多いですね。

私の場合、体の状態もありますが、気持ちも波が出やすいので、一学期のうちにできるだけ授業に参加して後半を楽にするなど、やる気のあるうちにたくさん授業に出席するようにしています。残った自由な時間はテスト勉強や美容師の勉強にあてたり、アルバイトの時間もとれるので、多い時で週3日、アルバイトに行っています。

今は、薬もほとんど飲まず、体調も回復してきました。特に飛鳥未来に入学してからすごく状態が良くなったのです。自分のペースで、自分の好きな勉強を優先できる生活が大きかったと思います。頭痛も極端に減り、楽しいと思える時間がすごく増えました。

自分の意思で学校生活を作るのが通信制高校

美容師免許取得コースの修了と同時に国家試験の受験資格が得られて、早ければ3年生の2月から3月に行われる試験で合格を目指すことができます。

美容業界でも、高校生が国家資格を取って就職するという認識は高まっていますが、それでも、専門学校卒の人より2歳若いことが就職にどう影響するかはやってみないとわかりません。だけど、それも考えて、私は別にメイクライセンスコースも受講していたのです。在学中にスキルや検定を取れるだけ取って、専門学校卒の人より一つでも多く強みを持っておかなければと、入学当初からずっと考えていました。

卒業後は美容室への就職を考えています。企業経営か個人経営かで、下積み期間やその後の道も変わってくるので、今何が良いか色々と調べているところです。自分のお店を持ちたいとか、遠い将来のことはまだ考えていないですが、とりあえずはスタイリストデビューして、誰かの髪をカットしたりカラーしたりできるようになるのが当面の目標です。

人によっては、高校時代に国家資格を取っておいて、卒業後に別の専門学校で新しいスキルを得る人もいるようです。私もブライダル分野にも興味があって、三幸学園には姉妹校にウェディング&ブライダル専門学校もあるので、将来的にブライダル業界の中で美容の仕事をするという道も考えられるかもしれませんね。

全日制高校との比較は正直難しいですが、少なくとも飛鳥未来は校則も緩やかで、髪の毛もメイクもおしゃれができる。すごく楽しいのは間違いないです。

ただ、一つ言えるのは、通信制高校って自分の意思で学校生活を作っていくものだと思います。色々なことを曖昧にしたままでは前に進まないし、自分の目的や体の状態と向き合いながら、自分で決断する場面が増えます。そういった意味では、自分を変えていける場所かもしれないですね。

自分の特性がわかって開けた進路「できる」実感が増える日々

鈴木《すずき》 翔大《しょうた》さん（16歳）

東京共育学園高等部
（さくら国際高等学校）1年生

中学1年生の時に発達障害と判明。一部の授業は特別支援学級で過ごしました。母が参加した通信制高校の合同相談会で東京共育学園を紹介され、発達障害のある生徒を受け入れながら、充実した学校生活も送れると入学を決意。現在は少人数のきめ細やかな支援で勉強が進められ、自身で理解度を実感しながら学んでいます。

ノートいっぱいに書いても覚えられない特性がわかるまでは、怒られっぱなし

中学1年の時、初めて自分が発達障害と知りました。きっかけは1年のテストです。かなり頑張って準備をしたのに点数が取れなかったんですね。もともと勉強は苦手でしたが、その時は母が毎晩、夜遅くまでつきっきりで勉強を教えてくれていました。その母が、教えていた感触とテスト結果があまりにも違うので、「おかしい」と気づいたんです。母が中学のスクールカウンセラーと相談をして、WISC検査を受けることになりました。その結

果から自分の特性を知ることになりました。その後、療育手帳を取得して、学校では国数英の３教科を特別支援学級で受けることになりました。

僕自身は小学１年の時から、どことなく「おかしいな」と感じていたんです。３年生の時に「いろはにほへと」を暗記して発表する機会があったのですが、何度練習しても、結局「いろはにほへと」以降が言えませんでした。中学でも、英単語を覚えるのに、言葉で発音はできても書くことができないんです。家でノートページ隅々まで「apple」と書き込んでも、寝て起きると全部頭から抜けてしまっていました。

だけど、それも全部、自分がただ勉強ができないだけだと思っていました。母も僕の特性がわからなかったので、小学校６年間はいつも怒られてばっかりでしたね。塾にも通ってなんとかみんなに追いつこうともしましたが、「塾代がもったいない」と言われるほどで、学校のテスト後には必ず点数をごまかして伝えたり、そんな繰り返しの日々がとてもつらかったです。

発達障害とわかった時は、原因がわかってホッとした反面、やはり動揺もしました。正直「自分は障害者なのかな」と落ち込みましたし、支援級に行くのも、友達から「さっきの時間、何でいなかったの？」と言われて、とても嫌でした。ただ、３年生になる頃には支援級の友達とも仲が良くなり、自分自身の気持ちも整理がつきました。先生方も丁寧に接してくれたので、不登校になることもなく、結果的には皆勤賞で３年間を終えることができました。

支援級の先生も「ここなら大丈夫」自分が今いる場所を否定されない

母は、僕の特性がわかった時から、卒業後の進路をずっと探してくれていました。特別支援学校も見学しましたが、思っていたイメージと雰囲気が合いませんでした。環境は良かったのですが、もう少し和気あいあいと友達同士で賑やかな学校生活を楽しみたかったんです。また、高卒資格が取れないと知り、それだと就職や大学進学も難しくなるので、やはり高校に進学したいと思うようになったんです。

そんな時に、母が通信制高校を探してきてくれました。新宿で行われた通信制高校の進学相談会に参加したようで、その時に会場スタッフの方から東京共育学園を勧められたそうです。

その後、僕も母と一緒に東京共育学園の学校説明会に参加しました。在校生や卒業生の体験談を聴くことができて、そこで、僕と同じように特性のある生徒が通っていることを知りました。そのうえで、学校行事や友達との交流がたくさんあって、楽しい学校生活を送れることがわかりました。先生たちの雰囲気も良く、特に職員室の仕切りがなくて、いつでも先生と話せる距離の近さがとてもいいなと思いました。

僕自身はもう「この学校に行きたい」と決めていたのですが、ただ、ずっとサポートしてくれていた支援級の先生が、「念のために本当に鈴木くんに合った学校かを確認したい」と言ってくださいました。そこで、その先生も一度、東京共育学園の学校見学に行ってくださったんです。その後、「ここなら絶対大丈夫」とお墨付きをもらえ、僕は安心して進路を決めることができました。

入学直後は、コロナ禍の緊急事態宣言中だったため、オンライン授業からのスタートでした。最初は「このまま自宅のままもいいな」と思ったのですが、夏頃から通学できるようになり、環境に慣れてくると、やっぱり対面のほうが勉強もわかりやすいと気づきました。

クラスは1クラス20人程度になっていて、そこから、英語と数学はさらに習熟度別で5クラスに分けられます。少人数になるので、先生から直接細かく教えてもらえますし、みんなの学習レベルが一緒なので、友達同士で気軽に教え合ったりもできました。

入学時に確認テストを行って、自分の苦手部分を調べてもらってから授業が進められていきました。段階的にゆっくり教えてもらえたので、自分でも理解度をちゃんと実感しながら進んでいけています。中学までは「まだこんなのできないの？」と言われることが多かったのですが、東京共育学園では「そこまでできるようになったね」と言ってもらえるので、自分の成長を認めてもらえて自信にもなります。

また、先生方は、読めない漢字にルビを振ってくれたり、書き取りが難しい時は板書をスマホで撮影させてくれたり、授業中も細かいところで配慮してくださいます。東京共育学園の先生は、僕だけじゃなくて、生徒全員の特性を、すべての先生が把握しているんです。先生方は専門の資格を持っている方が多く、対応してもらうと「さすがプロだな」と感じることがたくさんあります。

勉強しなければいけない量も思ったより多くありませんでした。その分、ゆとりをもって自分に必要な勉強ができるんだなとわかってきました。今は中学の時のように周囲から置いていかれる感覚がなく、自分が今いる場所を否定される感じがありません。気持ちがポジティブになるので、勉強にも前向きに取り組めて、つまずいてもプレッシャーに感じることなく「気楽にゆっくり学んでいけばいいんだ」と思えるようになっています。

「できる」と実感できたら「もっとやってみたい」に変化

生徒は明るい子から大人しい子、面白い子までいろんなタイプの子が通っています。僕と同じように支援級に通っていた子もいて、そういう子とは「俺も最初嫌だったんだよ」とか互いの経験をわかち合えたりできます。友達と共感し合えたことで、抱えていたいろんな悩みも解消されていきました。

学校行事もたくさんありますが、今は空き時間に友達とゲームをしたり、学校帰りにアニメショップに行ったり、そうした普段の日常がすごく楽しいです。部活もたくさんあって、僕はアニメ研究部を中心に活動しながら、野球部、インドアゲーム部、スキー・スノーボード部、軽音部にも所属して、季節ごとにいろんな活動ができています。

学校生活でちょっとだけ苦労したのは、机の整理整頓ですかね。もともと苦手で、授業のプリントなどをファイルせずにしまってしまうんです。ぐちゃぐちゃになったロッカーや机の中を先生に見つかってしまい、最後は先生と一緒に整理したこともありました。

でも東京共育学園に入学してから、苦手なことでも一生懸命取り組めるようになったと思います。特に苦手な英語や数学も、少しでも「できる」と実感できてからは「もっとやってみたいな」と感じる機会が増えました。

学校も今は週5日毎日通っています。中学時代は内申点のためだと思って嫌々通っていたところもありましたが、東京共育学園では先生や友達と話したいから、純粋に「学校に行きたい」という気持ちで通えています。

自分が発達障害とわかって悩むこともありましたが、特性を知れたことでいろんな道も開けました。特性がわかってからは家族の雰囲気も変わり、最近は母からも「頑張っているね」と言われることが増えました。何より、自分の状態を理解できたからこそ、自分に合った進路を見つけられたのは間違いありません。あの時に自分の特性がわかったからこそ、今こうして東京共育学園に出会えたのだと思います。

家族も心配した毎日の通学
温かな環境と好きな時間が
自分を変える

中村《なかむら》 優介《ゆうすけ》 さん（17歳）

専修学校クラーク高等学院 大阪梅田校
パフォーマンスコース２年生

友達とのトラブルをきっかけに中学２年から不登校に。環境を変え楽しい学校生活を求めて、自分自身が興味のある分野を学べる学校を探しました。中学時代は昼夜逆転の生活で起立性調節障害も発症。家族は毎日通えるか心配したが、パフォーマンスコースの舞台を観て気持ちが一変。入学後は１年時の発熱で３日間休んだ以外、今日まで皆勤で通っています。

「この先輩たちとなら…」母の気持ちを一変させた舞台

中学の時、友達とのトラブルがきっかけで学校に通えなくなりました。友達が怖くて学校に行けなかったので、環境が変われば問題ないと思っていました。

しばらくは家でテレビを観るなどして過ごしました。昼夜逆転もしていて、朝方までゲームをして、とりあえず眠くなるのを待つような時もありましたね。学校に行かなきゃとは思うのですが、いざ行こうとなったら体がしんどくなるんです。「明日は絶対行くぞ」と思って早めに寝ても、朝起きると体が動かない。

そんな時、クラーク高等学院大阪梅田校の道を教えてくれたのが母です。最初は「ヤンキーが行く学校」みたいな偏見もあって、印象は良くなかったですね。最初紹介された時は、正直「どうなんかな」などと少し諦めたような感覚にもなりました。

ところが、実際に学校説明会に参加し、その仕組みを聞いて印象が変わりました。毎日好きなことを特化して学べるんだと驚きましたね。よく学園ドラマなどを観ていましたので、毎日友達と楽しく過ごす学校生活を求めていたんだと思います。

クラーク大阪梅田校には多くのコースがあります。当初は総合進学コースを考えていたのですが、学校説明会でパフォーマンスコースの舞台を観たんです。その時、在校生たちの表現に魅了されてしまい、そこからはパフォーマンスコースへ入ることしか考えられなくなりました。

母は最初「毎日通えるの？」と心配していました。ほかに登校日数が自由な通信制高校があるので、「そちらは？」とも勧められていました。ただ、最終的に僕の意思を尊重してくれて、大阪梅田校への入学を決めました。それでも母は疑心暗鬼だったようです。

ところが、入学前の2月。パフォーマンスコースの最終公演を母と観に行くことになりました。その公演がとにかく素晴らしかったんです。学校説明会では、舞台に上がる先輩たちも、自分と同じように不登校経験者であることを聞いていました。その時は「みんな自分と一緒なんだ」と安心感を覚える程度だったのですが、2月の公演を観終わった後は、「こんなにも変われるんや！」と驚きとともに自分の価値観を覆されてしまいました。

それを母も感じたようでした。公演後、母は「この先輩たちと2年間一緒にいられるなら、いいんじゃないの?」と言ってくれたのです。

昼夜逆転生活から、ほぼ皆勤通学

入学後、最初の1、2週間は、それまでの昼夜逆転生活も影響してしんどかったです。だけど、夕方どっと疲れて帰宅し、夜10時には寝てしまう生活を繰り返していたら、だんだん生活リズムも取り戻して、体も楽になっていきました。実は中学2年の時に起立性調節障害の診断を受けていて、しばらくは薬を飲んで調整をしていました。しかし、中学時代とは違い、体も気持ちも落ち着いていて、ほとんど負担もなく通うことができました。

ただ、一度だけ、1年生の5月に高熱を出して3日間お休みしているんです。それはおそらく、新しい生活環境の変化に疲れが出たからだと思います。ところが、その後は一度も休むことなく、今日まで皆勤で登校を続けています。

ただ、決して「絶対に通わなければいけない」というプレッシャーがあったわけではありません。

僕と同じように調子を崩して休んでしまう生徒はほかにもいます。でも、先生方は、次来た時には「おお、よう来たな」と言ってくれる。僕自身も休んで再登校する時は不安でしたが、「よく来たね、体大丈夫やった？」と言ってもらい、その瞬間、それまでの緊張がふっと抜け安心したのを覚えています。

中学時代は塾にも行きづらくなり、勉強には不安を感じていました。入学後には、１年生の時に「基礎学力オールチェック」という確認テストを毎週受けました。漠然と「自分は勉強ができない」と感じるものではなく、「ここはできていないけど、ここは理解している」というものが細かくわかるテストでしたので、変な先入観を持たずに勉強に取り組むことができました。わからないところは、その都度、先生に丁寧に教えてもらいながら学力も上がっていきました。

英数国３教科は、５つの習熟度で細かくクラスが分けられます。テストの成績に応じてクラス分けされていたので、その時の自分のレベルとペースに応じて授業を受けられたのはとても良かったです。一方で、追試を受けたら学校説明会に在校生代表として参加できないなど一定のルールもあったので、気が緩むようなこともなかったです。

自分がすごく変わったなと思ったのは、２年生になった頃ですね。もともと自分からは話さない性格で、人前に出ることも苦手でした。でも、この頃から校内の発表会や学校説明会の在校生代表など、自分から積極的に「出たい」と立候補するようになったんです。

パフォーマンスコースでの経験が大きいです。みんなの前でダンスを踊り「すごいね」と言われるのが嬉しくて、その経験の積み重ねが自信に変わっていきました。いくつかの舞台に出演させてもらい、一番大きい舞台では、100人キャパの公演にアンサンブルで出演しました。

パフォーマンスコースで歌の上手い子たちだけが集まって、校外イベントなどにも出演できる選抜歌唱というものがあるのですが、実は僕もそこに選ばれたいと思って、最近、週1回、放課後にボイストレーニングに通うようにもなったんです。

家でもたくさん話すようになって、母からも「変わったね」と言われました。中学時代は近所の人に「おはようございます」も言えなかった。挨拶して、返してくれなかったらどうしようとか、そんな甘えもあったんでしょうね。でも、最近は大人としての責任感を持つようにもなり、当たり前のことを当たり前にできるようになった実感があります。

普通科の全日制高校で実現できない「好きなこと」に取り組める時間

僕にとってクラーク大阪梅田校に入った一番のメリットは、毎日夕方2時間、パフォーマンスコースの授業を受けられていることです。朝から夕方まで学校に通いながらも、そのなかに自分の好きなことに取り組める時間があったのはとても大きいです。普通科の全日制高校ではそれは実現できなかったでしょうね。

日中の学校生活を我慢しているというわけではありません。先生方はいつも笑顔で会話も楽しい。質問をしても、中学時代のように面倒くさいオーラを出されることもなく、授業も本当に楽しい。

友達もみんな仲が良く、それが当たり前の空気が漂っています。「あいついじめるぞ」みたいな雰囲気もない。僕と同じように、中学までにいろんな経験をした子たちが集まっているので、みんな「人に優しくしたい」という気持ちが前提としてあるんだと思います。それは先輩たちも同じで、僕から話しかけられなくても、先輩たちのほうからフレンドリーに接してきてくれました。敬語を使えとか怒鳴られるとか、そういった厳しい上下関係もありません。だから、毎日通っても、学校にいるのが嫌だと思ったことが一度もありません。

将来は学校の先生になりたいと思っています。中学時代から思い描いていたことですが、その当時は苦手な先生もいたので、「こんな先生にはなりたくない」と思いながら過ごしていました。でも、クラーク大阪梅田校に入ってからは、みんなお手本のような先生ばかり。中学の時よりも「やっぱりなりたい！」とその想いが強くなりました。

N高と投資部で出会えた挑戦的な自分と新たな夢

山下《やました》 奎輔《けいすけ》 さん（18歳）

N高等学校
3年生

地元から離れた高校に進学するも、学校に馴染めず1年生の夏休み明けから徐々に不登校に。N高が紹介されたテレビ番組の視聴をきっかけに、転校を決意。自分のペースで勉強でき、自由な時間が増えたことからチャレンジ精神が芽生えた山下さんは、「投資部」に入部。投資部の活動を通し、新たな夢や目標を見つけました。

テレビ番組をきっかけに知った楽園

僕は小中学校までは何不自由なく通っていましたが、高校1年の夏休み明けから体に不調が出始めて、不登校になりました。原因は大きく二つあり、一つは地元から少し離れた高校に進学し、同じ中学出身の人が一人もいなかったため、同級生との関係づくりに失敗したこと。また歴史のある学校で、厳しい校則と縛られる雰囲気が、自分に合わないと感じていたことです。

通信制高校の存在は知っていましたが、あまり良いイメージはありませんでした。ですが、毎日見ているテレビ番組の特集で、新しい高校の選択肢の一つとしてN高が紹介されていたんです。そこで勉強や登校スタイルが自分に合わせられることなどを知り、「ここなら色々できるんじゃないか」と思って、転校したいと家族に伝えました。当初は反対されましたが、何とか説得して2年生に進級するタイミングで転校しました。

実際に転校して「やっぱりここは楽園だった」と感じました。理由は様々ありますが、一番は自分のペースで勉強できる点です。ネットコースに所属しているので、場所にとらわれず好きなタイミング・進め方で勉強でき、入学前に描いていた生活を過ごせています。今までの学校とは全く異なる学習スタイルになりましたが、自分で勉強を進めることは苦ではなく、ネット授業も戸惑うことなく進められています。

やらないといけないものが残っていると気になってしまう性格のため、レポートはすぐに終わらせました。2年生の時は5月中、3年生では4月中に1年分のレポートを仕上げました。大体のスケジュールを立て、日中はレポートの時間に充てました。今は読書や興味のある分野の勉強など、自分がやりたいことをしています。授業を進める「N予備校」というアプリには、豊富なコンテンツがあります。僕の場合はプログラミングにちょっと触れてみたり、高校生でも取れる資格の紹介を見たりしています。自身の興味の赴くままに学習できるのはN高の魅力だと思います。

投資の知識以外にも得ることが多い〝投資部〟

僕は投資部で活動もしています。投資部では、一般財団法人 村上財団や角川ドワンゴ学園から運用資金を提供いただき、それを元手に株式投資に挑戦しています。村上世彰さんが特別顧問をされていて、村上さんや外部の方の講義を受けたり、部員同士で意見交換などをしています。

投資部は僕が2年生のときに設立されて、入部希望者は応募するのですが、当時は投資に対して「怖い」と感じていたので応募すらしませんでした。しかし、自分自身が普通の人とは違うところがあるとわかっているなら、みんなと一緒のことをしていては駄目だと思うようになり、入部しなかったことを後悔しました。3年生になり第2期生の募集をすると聞き、「やるしかない！」と応募しました。

無事に合格できたのが5月で、6月から投資を始めました。最初はミニカーが大好きという理由からおもちゃ会社に投資しました。実際やってみると売り買いのタイミングなど、考えていたよりも難しかったです。知識がほとんどないまま行き当たりばったりで買った株はすぐに手放し、次は自分なりのシナリオを立てて小売企業の株式を買いました。これは村上さんの投資方法を参考にしました。

投資方法は多種多様あり、村上さんが実践されているのは財務を分析して買う方法です。企業が将来どうなっているかのシナリオを想定して投資するのですが、運悪く株価が下がったとしても自分のシナリオを信じて株式を手放さなければ、株価が上がっていくこともあります。小売企業の株式についても、ＩＲを見つつ将来像を想像しながら買いました。投資してから数か月後にある事情から株価が急落したのですが、村上さんの教えと自分のシナリオを信じて手放さずにいた結果、ほぼ損失なく売り抜くことができました。

今は自動車教習所に通っているためあまり投資に時間を使えていないのですが、幼児用品店と鉄道会社の２社に注目しています。僕は投資する企業を選ぶ際は、数字に出ない資産、その企業の社風や考え方を重視しています。気になっている企業は、ＩＲについての質問に対する回答が長文で返ってきて、そうしたところからも企業の特長を感じ取れると思っています。

ほかの部員の投資スタイルはテクニカルな方法や、トレンドに乗る方法などと千差万別です。企業の隅々まで調べる１年生の部員と話したことがあるのですが、自分とは全く違うアプローチで「すごいな」と思いました。

投資部に入って良かったと思うことは、村上さんなど普通であればなかなか会えないような方とお話することができるという点もありますが、何より投資部メンバーと話す機会ができたことです。ネットコース生は自分で何かしら行動しないと、友達はなかなかできないものと思っています。それはいい意味で人と無理に関わらなくていいということですし、強制されることなく、自分が望むように関係を濃く持つことも薄く持つことができるのもＮ高のいいところです。狭く深い人間関係を築いていきたい僕には合っていました。投資部員は意識が高い生徒が多く、勉強になり刺激をもらうことが多いです。学年や年齢、住んでいる場所に関係なく尊敬できる人に出会えるのは、いい経験になっています。

転校は人生の大きな岐路だった

投資部に入るまでは夢はありませんでした。しかし部員の話を聞いていくなかで「夢を持っていいな」と思うようになり、今では投資家の目線も持つ法律家になる夢を持っています。投資は卒業後も継続しながら、N予備校のなかで「高校生から取得することのできる資格」で紹介されていた行政書士の資格を取得することにも努力していきたいと思っています。また抽象的ですが、人の役に立つ人間になりたいです。自分と同じような境遇の方がいれば助けたいですし、投資も人の役に立つものだと考えています。投資部の活動を通して、投資は人の夢を応援することだと思い、投資を続けていくことが社会貢献につながる、理念が合えばベンチャー企業にも投資していきたいと思っているところです。

もともとは消極的だった僕が、投資部入部を筆頭に色々なことに挑戦するようになったのはN高に入ってからです。自分のペースで勉強できたから自由に使える時間が増え、読書や自分について思考するための時間がたくさんありました。他人の評価を気にしなくなり、チャレンジングな自分が出てきました。以前の高校に居続けたら、そのまま周囲に流されるままだったと思うので、転校を機に自分を立て直せたのは、人生の大きな岐路となりました。あの時N高に出会えていなかったらと思うと、冷汗が出てきます。

通信制高校に良いイメージを持っていませんでしたが、今は自信をもってお勧めできます。特に地方だと全日制高校以外の道はないという考えがあるように感じます。でも、一度高校選びに失敗した身としては、そうした考えは不要ですし、自分のやりたいことに妥協せず、各々の個性に合った学校選びをしてほしいと思います。

第3章

通信制高校が選ばれるわけ

解説編

「学びの個別最適化」の方向へ

「学びの個別最適化」の方向は、4コママンガで見てもらうように受け身になりがちな学びを主体的なものに変え、自分で調整しながら学習ペースを作るという考え方です。文部科学省や経済産業省・未来の教室などでもその実現が提唱されています。

この考え方は、これまで通信制高校が実施してきた教育内容とほぼ一致するものです。もともと、学び

学びの個別最適化の方向

▶決められた教室・学年の中で、

「一律の目標のもとで」

「一律の内容を」「一律のペースで」

「一斉に」「受け身で」学ぶ

⇩

▶居場所や学年や時間の制約を必ずしも受けず、

「自分の個人目標と選択をもとに」

「多様な内容を」「多様なペースで」

「個別に、時に協働的に」「能動的に」学ぶ

方の中心に自学自習のレポート学習を置いている通信制高校は、多様な内容を自分のペースで学べることが特徴になっています。

個別最適化とは、基礎知識をしっかりとつける、あるいはつけ直すという面もあります。スポーツなどでもそうかと思いますが、最近は基礎力を鍛える場合はパーソナライズされたメニューが用意されるようになってきました。誰もが同じ筋トレメニューなどはしなくなっています。ただ基礎力鍛錬が面白いかと言えばそうでもないので日々の習慣づけと付き合ってくれるコーチがいないと難しいものです。学校では、この「大事だがつまらない基礎固め」が一斉授業の形で行われ、ある生徒がわからなくなったり、不登校になったりしても待ってはもらえず、やがて学習習慣自体も失ってしまいがちです。

一律の内容、一律のペース、一斉授業の短所から抜

け出すためには、パーソナル・トレーニングを可能にするような仕組みが必要になります。その土台になるのが自分のペースに対応できる個別指導や少人数指導、そしてそれらと同様の効果が期待できるＩＴ技術との組み合わせと言えるでしょう。通信制高校が目指している方向と一致しています。

自分のペースと言うからには、ペースは一人ひとり異なります。生徒数が千人規模以上の通信制高校では、生徒管理システムを導入している学校も一般的です。科目別レポート提出状況、スクーリング出席状況、テスト結果などの学習履歴をはじめ生徒に関するさまざまなデータを可視化し生徒に合わせた学習相談ができるようにしています。学習状況データは本人や保護者も確認できるようになっていますから、それをもとにしてまた自分の学習ペースを考えることができます。

余裕のある時間でオンライン課外授業

通信制高校は、ネット活用に積極的な学校が増えています。背景には、広いエリア、例えば関東全域、近畿全域さらには全国から生徒が入学できる広域制と呼ばれる通信制高校が増えてきたからです。このため、通学時間、授業時間などの時間や通学する場所の制約を少なくすることが学校運営上欠かせないことになってきました。レポート提出にしても、レポート管理システムを導入しネットを通じた提出と添削ができる学校もあります。郵送でのやりとりに比べると、予想以上にやりやすさを感じます。

ネットやメディア活用は卒業に必要なスクーリングの60％、特別な事情があれば80％まで代替することもできます。ただし、活用の中心はテレビ（ＮＨＫ高校講座）やネット講座（東京書籍　教科書授業インターネット講座）などとなっているのが現状です。登校回数を減らすスクーリング代替を行っている通信制高校は多いのですが、やりかたはどの学校も大差ありません。

通信制高校のネット授業で個性が発揮されるのは、余裕のある時間を活用した「課外授業」です。課外というと一段階落ちるように思われるかもしれませんが、予想以上に充実した内容が行われています。

例えば、通信制高校に多い不登校経験者は小中学校時代の未学習部分が多いのが一般的です。そのために国数英などは、オンライン授業により小学校段階やアルファベットの段階まで戻り、学び直しができるようになっている例があります。一方、転入生などは大学進学を目指した発展的な学習の要望もありますからそれに対応できるようなコンテンツが用意されています。

専門的な内容の学習をオンラインで行っている例もあります。英会話をはじめとした外国語会話、プログラミングなどが行われています。

登校回数を選べるメリット

通信制高校に入学した生徒に「全日制や定時制高校でなく、通信制高校を選んだ理由はなんですか？」とたずねたところ、一番多かった回答は「通信制高校の登校スタイルが自分に合っている」というものでした（左ページ図）。高校を卒業するための条件は、全日制、定時制、通信制の3課程ともほぼ同じです。①74単位以上の修得、②通算3年間以上の高校在籍、③3年間で30時間以上の特別活動への参加――となっています。

①の74単位を修得するために通信制は、他の2課程と異なる学校生活を送ることができます。通信制以外は、毎日学校に通い時間割通りに授業を受けることが単位を取る条件になります。これに対して、通信制は単位を取るための学習量（例えば、数学Ⅰ・3単位を取るためにスクーリング3回、レポート9通）をこなす必要はありますが、「毎日学校に通う」ということは単位を取る条件にはなっていません。一定の学習成果さえあれば、他に規程はありません。学ぶ場所についてもスクーリング実施場所は規定されていますが、それ以外は自由です。通信制は、この時間と場所の制約の少なさから柔軟な登校スタイルを組み立てることができるようになっています。

通信制高校でも週5日通学の全日型タイプがあります。このタイプも含めて通信制と全日制や定時制を登校・通学という点で比較すると、通信制は「毎日行くこともできる（ｃａｎ）学校」、全日制・定時制高

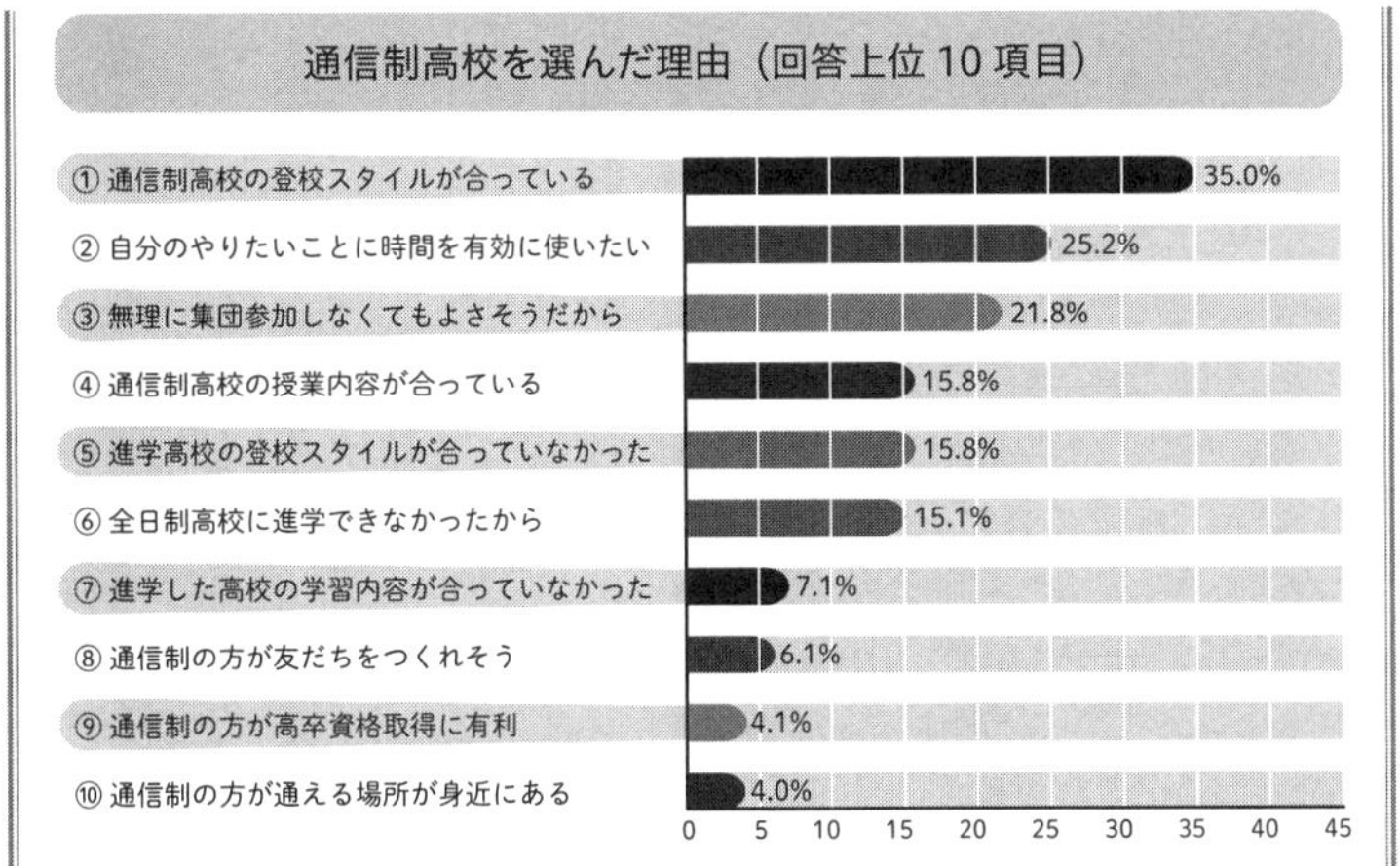

出所：新しい学校の会調べ

校は「毎日行かなければならない（ｍｕｓｔ）学校」というちがいになります。通信制はゆるやかなものになります。通信制高校を選んだ理由のトップになっている「通信制高校の登校スタイルが自分に合っている」というのは、自分に合わせた登校回数、登校時間が選べるということです。

通信制高校の登校スタイルとは、週に１、３、５日などの通学、月に１～２回の登校、年間数日の宿泊や連続登校による集中スクーリング、さらには時間帯を選べる午後コースなど多様になっていることです。通信制高校の多くがこの選べる登校スタイルを採用しています。一旦決めた登校スタイルを途中で変更できるのも一般的です。学校に毎日行くのがちょっと苦手という不登校ぎみの生徒なら、在宅学習中心にして登校は少なくしたり、アルバイトや学校以外の活動をしている人なら、自分のペースに合わせて登校日数を選べたりできます。起立性調節障害で特に午前中の体調がしんどい人なら午後からのコースを選べます。また、ひきこもり状態や病気療養中などの人には学校側から先生が自宅に出向く訪問支援を受けることもできます。

次の表のような多様な登校・通学スタイルを、どんなふうに組み立てるか考えることができます。

通信制高校の登校・通学形態など

①週1日・3日・5日通学などから選択できる
②全日型／週5日通学が基本
③1か月に数日の登校
④集中スクーリング（年間数泊または数日連続登校）
⑤在宅から登校へ（訪問支援）
⑥インターネットで授業
⑦午後からの授業開始
⑧最寄りの通学拠点を選べる
⑨在学期間中に留学
⑩5年制

など

「自分のこと」だから「ワガママ」に選ぶ

通信制高校は、私立高校7割、公立高校3割と全日制、定時制に比べ極端に私立高校が多いのが特徴です。しかも、私立通信制高校の9割は2000年度以降に新設されました。新しい学校という側面もあります。ほとんどの私立通信制高校がそれまでにない学校だという創立理念をアピールして開校しています。つまり個性派集団といった学校種でもあります。

通信制高校を選ぶとなると、この創立理念の異なる個性的な学校群から選ぶことになります。通信制高校には偏差値とか、ランキングとかはありませんから、選ぶ基準をどこに置いて見ていったらいいのか、迷ってしまいそうな気持ちになるかもしれません。

通信制高校選びにルールはありませんが、あえて言えば、本人の状態に合わせて選ぶのが良い結果に結びつきやすいのではないかと思います。この本で体験談を聴いた卒業生、在校生とも結果から言えば、自分の状態に合った通信制高校を選んだことがプラスの高校生活や卒業後の生活につながっているように思います。

本人の状態とは次の一覧表のような内容です。このような状態に合わせて通信制高校を選ぶことができるのですが、学校を絞り込んでいく過程では、やはりご家族を中心とした大人の手助けが必要です。できれば、本人が少し気軽に相談できるような雰囲気や関係を大人の側で作ってもらうのが大切なことのような気がします。本人は言いたいことが浮かんでも言う気力を失っている場合もありますし、言葉としてまとまらないこともよくあることですから。

そして、大人の方が自覚する必要があるのが「入ってからどうやって学校生活を続けられるのか」という点です。これは、臨床心理士で不登校親の会の代表も務める福本早穂さんが近著『不登校からの進路選択』（学びリンク）で指摘していることです。それまで不本意だったことを一気に解消するような〝一発逆転〟を狙うのでなく、気持ちにも、体調にも無理のない学校生活がベターです。また、福本さんは「不登校の間に親子関係は良くなる」と言います。なぜかと言えば、「子どもは親の思い通りにならないと身にしみてわかり、もうこれは子どもに任せないとしょうがない」と分かったところから親子関係が良くなっていくと言います。そこから子どもは自然と自分の力で回復していくのだと。

本人の状態とは

①不登校
②ひきこもり
③いじめを受けている
④病気・体調不良
⑤発達の課題を持っている
⑥学校外活動
⑦学び直し・未学習
⑧高校転入学・編入学
⑨やりたいことを持っている

通信制高校の入試は、中学からの新入生も、転編入生も、面接（個人、または保護者同伴）や作文を中心に選抜が行われています。入学したい意欲があれば「入りやすい高校」です。入りやすい高校だからこそ、本人の状態に合った「入りたい高校」を見つけてほしいと思います。

私が通信制高校選びで一つだけ毎回申し上げていることは、「自分の気持ちに素直になって」むしろ「ワガママ」に選んでくださいということです。通信制高校の生徒や卒業生と話していて思うのは、とても素直な人たちばかりということです。素直だから、人に気を遣い、人に合わせすぎてしまい不登校など学校生活で苦戦してしまった過去を持っている場合が多いのだと思います。そして、それぞれの人が自分に合った通信制高校を選んだことで元気を回復しています。

それは学校選びではありますが、大きい言い方をすると「新しい環境」を自分自身で選んだとも言えます。「せっかく既存のレールから離れたのだから、自分に合った道を探しましょう」とは前述の福本さんの言葉です。

ですから、通信制高校選びは世間や他人の基準、価値観に合わせることなく「我が（意の）まま」に選んでいきましょう。

おわりに

本書を読んでいただきありがとうございました。

卒業生4人、そのお母さん3人、在校生12人が『通信制高校を選んだわけ』について率直に語ってくれました。私は、卒業生とそのお母さんのお話を聴かせてもらいました。

卒業生4人は、学びリンクが行っている通信制高校・サポート校合同相談会で、通信制高校在学中に体験談を聴かせてくれたのが縁となり4人とも5年以上の付き合いになりました。今でも、相談会の卒業生ボランティアとして忙しい合間をぬって会の運営を支えてくれています。

ですから、4人のことはそれなりにですが、知っているつもりでした。ところが改めて長時間数回にわたってお話を聴かせてもらうと、知っていると思っていたのはほんの一部に過ぎないことを痛感しました。まさに氷山の一角という言葉通りで、私に見えていたのは海面からちょっとだけ顔を出している部分だけでした。海面下には、深くて大きな思いがあることを教えてもらいました。

在校生12人は、学びリンク編集部員がお話を聴かせてもらいました。それぞれの人が自分に合った学校を選び、その学校の特徴をうまく使いながら活き活きとした学校生活を送っている様子がよく分かります。

卒業生、在校生の『通信制高校を選んだわけ』を突き詰めると、他人には見えないものがあるように思いました。

他人には見えぬけれども、その人には「ある」。その人にしか見えない先輩の優しい眼差しや思いやりのある笑顔、初訪問した際の和やかな雰囲気、先生の気遣いのある動き……。その人の心だけに見えるものがあるのだと思います。それが行動の源にあるように思いました。

その感性は、自分で自分のことを大切に思う気持ちにつながっているように思います。この環境なら楽しめる、続けられる、成長できる。そんな環境と出会ったときに一歩踏み出す勇気を与えてくれるものです。ですから、その感性は一生大事にしてもらいたいと願っています。

これから通信制高校を選ぼうとする人にとっても、多様な通信制高校の中から1つの学校を選ぶのは、自分をこれから大切にしていくその感性を磨くことにつながります。お話を聴いた卒業生、在校生がそうだったようにまずは行動を起こしてもらえると嬉しいです。

最後にこの本のために貴重な時間を割いてお話を聴かせてくださった皆さまのさらなるご活躍をお祈りしています。

監修者　山口教雄（学びリンク代表）

通信制高校を選んだわけ

2021 年 8 月 30 日　初版第 1 刷発行

監修者：山口教雄
取　材：学びリンク編集部
小林建太　渡辺美紗希　小野ひなた　片山実紀　上村昌輝

発行所：学びリンク株式会社
〒102-0076　東京都千代田区五番町 10 番地
JBTV 五番町ビル 2F
TEL：03-5226-5256　　FAX：03-5226-5257
ホームページ：http://manabilink.co.jp
ポータルサイト：https://stepup-school.net

印刷・製本：株式会社シナノパブリッシングプレス

写真
第 1 章：角田敦史、中司優、大塚百輝
第 2 章：小林建太、渡辺美紗希（学びリンク）

本文デザイン：渡邉幸恵（学びリンク）
表紙デザイン・イラスト・マンガ：藤島美音（学びリンク）
イラスト：河西哲郎

販促企画：西田隆人（学びリンク）

2021 Printed in Japan
ISBN：978-4-908555-46-6